隨身佛典

中阿含經

東晋罽賓三藏瞿曇僧伽提婆 譯

隨身佛典

中阿含經

東晉罽賓三藏瞿曇僧伽提婆　譯

隨身佛典

中阿含經

東晉罽賓三藏瞿曇僧伽提婆 譯

◉目錄〈第五冊〉

第三念誦

大品第十一

中阿含經卷第二十九

東晉罽賓三藏瞿曇僧伽提婆譯

大品第一有二十五經　第三日誦名念有二品合有二十五經

柔軟、龍象、處，無常、請、瞻波，
二十億、八難，貧窮、欲、福田，
優婆塞、怨家，教曇彌、降魔，
賴吒、優婆離，釋問、及善生，

商人、世間、福，息止、至邊、喻。

(一一七)中阿含大品柔軟經第一

我聞如是：一時，佛遊舍衛國，在勝林給孤獨園。

爾時世尊告諸比丘：「自我昔日出家學道，為從優遊，從容閑樂，極柔軟來。我在父王悅頭檀家時，為我造作種種宮殿：春殿、夏殿及以冬殿。為我好遊戲故，去殿不遠，復造種種若干華池：青蓮華池、紅蓮華池、赤蓮華池、白蓮華池。於彼池中殖種種水華：青蓮華、紅蓮華、赤蓮華、白蓮華，常水常華，使人守護，不通一切。為我好遊戲故，於其池岸殖種種陸華：修摩那華、婆師華、瞻蔔華、修揵提華、摩頭揵提華、阿提牟多華、波羅頭華。

「為我好遊戲故，而使四人沐浴於我，沐浴我已，赤旃檀香用塗我身；香塗身已，著新繒衣，上下、內外、表裏皆新。晝夜常以繖蓋覆我，莫令太子夜為露所沾，晝為日所炙。如常他家麁麵、麥飯、豆羹、薑菜，為第一食；如是我父悅頭檀家最下使人粳粮、餚饌，為第一食。復次，若有野田禽獸、最美禽獸，提帝邏梨吒、劫賓闍邏、奚米何犁泥奢施羅米，如是野田禽獸、最美禽獸，常為我設如是之食。我憶昔時父悅頭檀家，於夏四月昇正殿上，無有男子，唯有女妓而自娛樂。初不來下，我欲出至園觀之時，三十名騎簡選上乘，鹵簿前後侍從導引，況復其餘？我有是如意足，此最柔軟。

「我復憶昔時看田作人止息田上，往詣閻浮樹下，結跏趺坐，離欲、離惡不善之法，有覺、有觀，離生喜、樂，得初禪成就遊。我作是念：『不多聞愚癡凡夫自有病法，不離於病，見他人病，憎惡薄賤，不愛不喜，不自觀己。』我復作是念：『我自有病法，不離於病，若我見他病而憎惡薄賤，不愛不喜者，我不宜然，我亦有是法故。』如是觀已，因不病起貢高者，即便自滅。我復作是念：『不多聞愚癡凡夫自有老法，不離於老，見他人老，憎惡薄賤，不愛不喜，不自觀己。』我復作是念：『我自有老法，不離於老，若我見他老而憎惡薄賤，不愛不喜者，我不宜然，我亦有是法故。』如是觀已，若因壽起貢高者，即便自滅。不多聞愚癡凡夫，為不病貢高豪貴放逸，因欲生癡，不行梵行。不多聞愚癡凡夫，為少壯貢高豪貴放逸，因欲生癡，不行梵行。不多聞愚癡凡夫，為壽貢高豪貴放逸，因欲生癡，不行梵行。」

於是世尊即說頌曰：

病法老法，　及死亡法，　如法自有，　凡夫見惡。
若我憎惡，　不度此法，　我不宜然，　亦有是法。
彼如是行，　知法離生，　無病少壯，　為壽貢高，
斷諸貢高，　見無欲安。　彼如是覺，　無怖於欲，
得無有想，　行淨梵行。

佛說如是，彼諸比丘聞佛所說，歡喜奉行。

柔軟經第一竟七百九十一字

（一一八）中阿含大品龍象經第二第三念誦

我聞如是：一時，佛遊舍衞國，在東園鹿子母堂。

爾時世尊則於晡時從宴坐起，堂上來下，告曰：「烏陀夷！共汝往至東河澡浴。」

尊者烏陀夷白曰：「唯然。」

於是世尊將尊者烏陀夷往至東河，脫衣岸上，便入水浴。浴已還出，拭體著衣。

爾時波斯匿王有龍象，名曰念作一切妓樂，歷度東河。衆人見已，便作是說：「是龍中龍，為大龍王，為是誰耶？」

尊者烏陀夷叉手向佛，白曰：「世尊！象受大身，眾人見已，便作是說：『是龍中龍，為大龍王，為是誰耶？』」

世尊告曰：「如是，烏陀夷！如是，烏陀夷！象受大身，眾人見已，便作是說：『是龍中龍，為大龍王，為是誰耶？』烏陀夷！馬、駱駝、牛、驢、胸行、人、樹生大形，烏陀夷！眾人見已，便作是說：『是龍中龍，為大龍王，為是誰耶？』烏陀夷！若有世間，天及魔、梵、沙門、梵志，從人至天不以身、口、意害者，我說彼是龍。烏陀夷！如來於世間，天及魔、梵、沙門、梵志，從人至天不以身、口、意害，是故我名龍。」

於是尊者烏陀夷叉手向佛，白曰：「世尊！唯願世尊加我威力，善逝！加我威力，令我在佛前，以龍相應頌頌讚世尊！」

世尊告曰：「隨汝所欲。」

於是尊者烏陀夷在於佛前，以龍相應頌，讚世尊曰：

正覺生人間，　自御得正定，　修習行梵跡，　息意能自樂。
人之所敬重，　*越超☆一切法，　亦為天所敬，　無著至真人。
越度一切結，　於林離林去，　捨欲樂無欲，　如石出真金。
普聞正盡覺，　如日昇虛空，　一切龍中高，　如眾山有嶽。
稱說名大龍，　而無所傷害，　一切龍中龍，　真諦無上龍。
溫潤無有害，　此二是龍足，　苦行及梵行，　是謂龍所行。

大龍信為手，二功德為牙，念項智慧頭，思惟分別法。
受持諸法腹，樂遠離雙臂，住善息出入，內心至善定。
龍行止俱定，坐定臥亦定，龍一切時定，是謂龍常法。
無穢家受食，有穢則不受，得惡不淨食，捨之如師子。
所得供養者，為他慈愍受，龍食他信施，存命無所著。
斷除大小結，解脫一切縛，隨彼所遊行，心無有繫著。
猶如白蓮花，水生水長養，泥水不能著，妙香愛樂色。
如是最上覺，世生行世間，不為欲所染，如華水不著。
猶如然火熾，不益薪則止，無薪火不傳，此火*謂之滅。
慧者說此喻，欲令解其義，是龍之所知，龍中龍所說。

遠離淫欲恚，　斷癡得無漏，　龍捨離其身，　此龍謂之滅。

佛說如是，尊者烏陀夷聞佛所說，歡喜奉行。

龍象經第二竟七百三十字

(一一九)中阿含大品說處經第三第三念誦

我聞如是：一時，佛遊舍衛國，在勝林給孤獨園。

爾時世尊告諸比丘：「此有三說處，無四無五。若比丘見已，因彼故說而說我見聞識知，比丘說而說是我所知。云何為三？比丘！因過去世說，而說如是過去世時有。比丘！因未來世說，而說如是未來世時有。比丘！因現在世說，而說如是現在世時有。是謂三說處，無四無五。若比丘見已，因彼故說而說我見聞識知，比丘說而說是我所知，因所說善習得義，因不說不善習得義。

「賢聖弟子兩耳一心聽法，彼兩耳一心聽法已，斷一法、修一法、一法作證。彼斷一法、修一法、一法作證已，便得正定。賢聖弟子心得正定已，便斷一切婬、恚、癡。賢聖弟子如是得心解脫，解脫已便知解脫：我生已盡，梵行已立，所作已辦，不更受有，知如真。因其所說，有四處，當以觀人：此賢者可共說、不可共說。若使此賢者，一向論、不一向答者，分別論、不分別答者，詰論、不詰答者，止論、不止答者；如是此賢者，不得共說，亦不得共論。若使此賢者，一向論、*便一向答者，分別論、分別答者，詰論、詰答者，止論、止答者；如是此賢者，得共說，亦得共論。

「復次，因其所說，更有四處，當以觀人：此賢者可共說、不可共說。若使此賢者於處非處不住者，所知不住者，說喻不住者，道跡不住者；如是此賢者不可共說，亦不可共論。若此賢者於處非處住者，所知住者，說喻住者，道跡住者；如是此賢者可得共說，亦可得共論。因所說時止息口行，捨已所見，捨怨結意，捨欲、捨恚、捨癡、捨慢、捨不語、捨慳嫉、不求勝、不伏他，莫取所失，說義說法。說義說法已，教復教止，自歡喜，令彼歡喜。如是說義，如是說事，是聖說義，是聖說事，謂至竟漏盡。」

於是世尊說此頌曰：

若有諍論議，　雜意懷貢高，　非聖毀呰德，　各各相求便。
但求他過失，　意欲降伏彼，　更互而求勝，　聖不如是說。
若欲得論議，　慧者當知時，　有法亦有義，　諸聖論如是。
慧者如是說，　無諍無貢高，　意無有厭足，　無結無有漏。
隨順不顛倒，　正知而為說，　善說則然可，　自終不說惡。
不以諍論議，　亦不受他諍，　知處及說處，　是彼之所論。
如是聖人說，　慧者俱得義，　為現法得樂，　亦為後世安；
當知聰達者，　非倒非常說。

佛說如是，彼諸比丘聞佛所說，歡喜奉行。

說處經第三竟七百二十三字

（一二〇）中阿含大品說無常經第四第三念誦

我聞如是：一時，佛遊舍衞國，在勝林給孤獨園。

爾時世尊告諸比丘：「色者無常，無常則苦，苦則非神。覺亦無常，無常則苦，苦則非神。想亦無常，無常則苦，苦則非神。行亦無常，無常則苦，苦則非神。識亦無常，無常則苦，苦則非神。是為色無常，覺、想、行、識無常，無常則苦，苦則非神。多聞聖弟子作如是觀，修習七道品，無礙正思正念。彼如是知、如是見，欲漏心解脫，有漏、無明漏心解脫。解脫已便知解脫：我生已盡，梵行已立，所作已辦，不更受有，知如真。若有衆生及九衆生居，乃至有想無想處行餘第一有，於其中間是第一，是大、是勝、是最、是尊、是妙，謂世中阿羅訶。所以者何？世中阿羅訶得安隱快樂。」

於是世尊說此頌曰：

無著第一樂，斷欲無有愛，永捨離我慢，裂壞無明網。
彼得不移動，心中無穢濁，不染著世間，梵行得無漏。
了知於五陰，境界七善法，大雄遊行處，離一切恐怖。
成就七覺寶，具學三種學，妙稱上朋友，佛最上真子。
成就十支道，大龍極定心，是世中第一，彼則無有愛。
衆事不移動，解脫當來有，斷生老病死，所作辦滅漏。
興起無學智，得身最後邊，梵行第一具，彼心不由他。

上下及諸方，　彼無有喜樂，　能為師子吼，　世間無上覺。

佛說如是，彼諸比丘聞佛所說，歡喜奉行。

說無常經第四竟四百一十三字

(一二一)中阿含大品請請經第五下一請字音慈井反第三念誦

我聞如是：一時，佛遊王舍城，在竹林加蘭哆園，與大比丘眾五百人俱，共受夏坐。

爾時世尊月十五日，說從解脫相請請時，在比丘眾前敷座而坐，告諸比丘：「我是梵志而得滅訖，無上醫王。我今受身，最是後邊。我是梵志得滅訖後，無上醫王。我今受身，最是後邊。謂汝等輩是我真子，從口而生，法法所化。謂汝等輩是我真子，從口而生，法法所化。汝當教化，轉相教訶。」

爾時尊者舍梨子亦在衆中，於是尊者舍梨子即從坐起，偏袒著衣，叉手向佛，白曰：「世尊嚮之所說：『我是梵志而得滅訖，無上醫王。我今受身，最是後邊。我是梵志，得滅訖後，無上醫王。我今受身，最是後邊。謂汝等輩是我真子，從口而生，法法所化。謂汝等輩是我真子，從口而生，法法所化。汝當教化，轉相教訶。』世尊！諸不調者令得調御，諸不息者令得止息，諸不度者而令得度，諸不解脫者令得解脫，諸不滅訖者令得滅訖，未得道者令其得道，不施設梵行者令施設梵行，知道、覺道、識道、說道。世尊！弟子於後得法，受教受訶，受教、訶已，隨世尊語，即便趣行，得如其意，善知正法。唯然，世尊不嫌我身、口、意行耶？」

彼時世尊告曰：「舍梨子！我不嫌汝身、口、意行。所以者何？舍梨子！汝有聰慧、大慧、速慧、捷慧、利慧、廣慧、深慧、出要慧、明達慧。舍梨子！汝成就實慧。舍梨子！猶轉輪王而有太子，不越教已，則便受拜父王所傳，而能復傳。如是，舍梨子！我所轉法輪，汝復能轉。舍梨子！是故我不嫌汝身、口、意行。」

尊者舍梨子復再叉手向佛，白曰：「唯然，世尊不嫌我身、口、意行。世尊不嫌此五百比丘身、口、意行耶？」

世尊告曰：「舍梨子！我亦不嫌此五百比丘身、口、意行。所以者何？舍梨子！此五百比丘盡得無著，諸漏已盡，梵行已立，所作已辦，重擔已捨，有結已盡，而得善義正智正解脫。唯除一比丘，我亦本已記於現法中得究竟智：生已盡，梵行已立，所作已辦，不更受有，知如真。舍梨子！是故我不嫌此五百比丘身、口、意行。」

尊者舍梨子復三叉手向佛，白曰：「唯然，世尊不嫌我身、口、意行，亦不嫌此五百比丘身、口、意行。世尊！此五百比丘幾比丘得三明達？幾比丘得俱解脫？幾比丘得慧解脫耶？」

世尊告曰：「舍梨子！此五百比丘，九十比丘得三明達，九十比丘得俱解脫，餘比丘得慧解脫。舍梨子！此衆無枝無葉亦無節戾，清淨真實得正住立。」

爾時尊者傍耆舍亦在衆中，於是尊者傍耆舍即從坐起，偏袒著衣，叉手向佛，白曰：「唯然，世尊加我威力，唯願善逝加我威力，令我在佛及比丘衆前，以如義相應而作讚頌。」

世尊告曰：「傍耆舍！隨汝所欲。」

於是尊者傍耆舍在佛及比丘衆前，以如義相應而讚頌曰：

今十五請日，　集坐五百衆，　斷除諸結縛，　無礙有盡仙。
清淨光明照，　解脫一切有，　生老病死盡，　漏滅所作辦。
調悔及疑結，　慢有漏已盡，　拔斷愛結刺，　上醫無復有。
勇猛如師子，　一切恐畏除，　已度於生死，　諸漏已滅訖。
猶如轉輪王，　群臣所圍繞，　悉領一切地，　乃至於大海。

如是勇猛伏，　無上商人主，　弟子樂恭敬，　三達離死怖。
一切是佛子，　永除枝葉節，　轉無上法輪，　稽首第一尊。

佛說如是，彼諸比丘聞佛所說，歡喜奉行。

請請經第五竟 千一十三字

（一二一）中阿含大品瞻波經第六 第三念誦

我聞如是：一時，佛遊瞻波，在恒伽池邊。

爾時世尊月十五日說從解脫時，於比丘眾前敷座而坐。世尊坐已，即便入定，以他心智觀察眾心。觀眾心已，至初夜竟，默然而坐。於是有一比丘，即從坐起，偏袒著衣，叉手向佛，白曰：「世尊！初夜已訖，佛及比丘眾集坐來久，唯願世尊說從解脫。」

爾時世尊默然不答。於是世尊復至中夜，默然而坐。彼一比丘再從坐起，偏袒著衣，叉手向佛，白曰：「世尊！初夜已過，中夜將訖，佛及比丘眾集坐來久，唯願世尊說從解脫！」

世尊亦再默然不答。於是世尊復至後夜，默然而坐。彼一比丘三從坐起，偏袒著衣，叉手向佛，白曰：「世尊！初夜既過，中夜復訖，後夜垂盡，將向欲明，明出不久，佛及比丘眾集坐極久，唯願世尊說從解脫！」

爾時世尊告彼比丘：「於此眾中有一比丘已為不淨。」

彼時尊者大目揵連亦在眾中，於是尊者大目揵連便作是念：「世尊為何比丘而說此眾中有一比丘已為不淨？我寧可入如其像定，以如其像定他心之智觀察眾心。」

尊者大目揵連即入如其像定，以如其像定他心之智觀察眾心。尊者大目揵連便知世尊所為比丘說，此眾中有一比丘已為不淨。於是尊者大目揵連即從定起，至彼比丘前，牽臂將出，開門置外：「癡人遠去！莫於此住！不復得與比丘眾會，從今已去，非是比丘。」

閉門下鑰，還詣佛所，稽首佛足，却坐一面，白曰：「世尊所為比丘說此眾中有一比丘已為不淨者，我已逐出。世尊！初夜既過，中夜復訖，後夜垂盡，將向欲明，明出不久，佛及比丘眾集坐極久，唯願世尊說從解脫！」

世尊告曰：「大目揵連！彼愚癡人當得大罪，觸嬈世尊及比丘眾。大目揵連！若使如來在不淨眾說從解脫者，彼人則便頭破七分。是故，大目揵連！汝等從今已後說從解脫，如來不復說從解脫。所以者何？如是，大目揵連！或有癡人正知出入，善觀分別，屈申低仰儀容庠序，善著僧伽梨及諸衣鉢，行住坐臥、眠寤語默皆正知之，似如真梵行，至諸真梵行所，彼或不知。大目揵連！若諸梵行知者，便作是念：『是沙門汚，是沙門辱，是沙門憎，是沙門刺。』知已便當共擯棄之。所以者何？莫令汚染諸梵行者。

「大目揵連！猶如居士有良稻田，或有麥田，生草名穢麥，其根相似，莖、節、葉、花皆亦似麥。後生實已，居士見之，便作是念：

『是麥污辱，是麥憎刺。』知已便拔，擲棄於外。所以者何？莫令污穢餘真好麥。如是，大目揵連！或有癡人正知出入，善觀分別，屈伸低仰儀容庠序，善著僧伽梨及諸衣鉢，行住坐臥、眠寤語默皆正知之，似如真梵行，至諸真梵行所，彼或不知。大目揵連！若諸梵行知者，便作是念：『是沙門污，是沙門辱，是沙門憎，是沙門刺。』知已便當共擯棄之。所以者何？莫令污染諸梵行者。

「大目揵連！猶如居士秋時揚穀，穀聚之中若有成實者，揚便止住。若不成實及粃糠者，便隨風去。居士見已，即持掃箒，掃治令淨。所以者何？莫令污雜餘淨好稻。如是，大目揵連！或有癡人正知出入，善觀分別，屈伸低仰儀容庠序，善著僧伽梨及諸衣鉢，行住坐臥、眠寤語默皆正知之，似如真梵行，至諸真梵行所，彼或不知。大目揵連！若諸梵行知者，便作是念：『是沙門汙，是沙門辱，是沙門憎，是沙門刺。』知已便當共擯棄之。所以者何？莫令汙染諸梵行者。

「大目揵連！猶如居士為過泉水故，作通水槽，持斧入林扣打諸樹。若堅實者，其聲便小；若空中者，其聲便大。居士知已，便斫治節，擬作通水槽。如是，大目揵連！或有癡人正知出入，善觀分別，屈伸低仰儀容庠序，善著僧伽梨及諸衣鉢，行住坐臥、眠寤語默皆正知之，似如真梵行，至諸真梵行所，彼或不知。大目揵連！若諸梵行知者，便作是念：『是沙門汙，是沙門辱，是沙門憎，是沙門刺。』知已便當共擯棄之。所以者何？莫令汙染諸梵行者。」

於是世尊說此頌曰：

共會集當知，　惡欲憎嫉恚，　不語結恨慳，　嫉妬諂欺誑。
在衆詐言息，　屏處稱沙門，　陰作諸惡行，　惡見不守護。
欺誑妄語言，　如是當知彼，　往集不與會，　擯棄不共止。
欺詐誑說多，　非息稱說息，　知時具淨行，　擯棄遠離彼。
清淨共清淨，　常當共和合，　和合得安隱，　如是得苦邊。

佛說如是，彼諸比丘聞佛所說，歡喜奉行。

瞻波經第六竟（一千三百五十一字）

（一二三）中阿含大品沙門二十億經第七（第三念誦）

我聞如是，一時，佛遊舍衛國，在勝林給孤獨園。

爾時尊者沙門二十億亦遊舍衛國，在闇林中，前夜、後夜學習不眠，精勤正住修習道品。於是尊者沙門二十億安靜獨住，宴坐思惟，心作是念：「若有世尊弟子精勤學習正法律者，我為第一，然諸漏心不得解脫。我父母家極大富樂，多有錢財，我今寧可捨戒罷道行，欲布施修諸福業耶？」

爾時世尊以他心智知尊者沙門二十億心之所念，便告一比丘：「汝往至彼呼沙門二十億來。」

於是一比丘白曰：「唯然。」

即從坐起，稽首禮足，遶三匝而去，往至尊者沙門二十億所而語彼曰：「世尊呼汝。」

尊者沙門二十億聞比丘語，即詣佛所，稽首作禮，却坐一面。世尊告曰：「沙門！汝實安靜獨住，宴坐思惟，心作是念：若有世尊弟子精勤學習正法律者，我為第一，然諸漏心不得解脫。我父母家極大富樂，多有錢財，我今寧可捨戒罷道行，欲布施修諸福業耶？」

彼時尊者沙門二十億羞耻慚愧，則無無畏：「世尊知我心之所念。」叉手向佛，白曰：「實爾。」

世尊告曰：「沙門！我今問汝，隨所解答。於意云何？汝在家時，善調彈琴，琴隨歌音，歌隨琴音耶？」

尊者沙門二十億白曰：「如是，世尊！」

世尊復問：「於意云何？若彈琴絃急，為有和音可愛樂耶？」

沙門答曰：「不也，世尊！」

世尊復問：「於意云何？若彈琴絃緩，為有和音可愛樂耶？」

沙門答曰：「不也，世尊！」

世尊復問：「於意云何？若彈琴調絃不急不緩，適得其中，為有和音可愛樂耶？」

沙門答曰：「如是，世尊！」

世尊告曰：「如是，沙門極大精進令心調亂，不極精進令心懈怠。是故汝當分別此時，觀察此相，莫得放逸。」

爾時尊者沙門二十億聞佛所說，善受善持，即從坐起，稽首佛足，繞三匝而去。受佛彈琴喻教，在遠離獨住，心無放逸修行精勤。彼在遠離獨住，心無放逸修行精勤已，族姓子所為剃除鬚髮，著袈裟衣，至信捨家無家學道者，唯無上梵行訖，於現法中自知自覺，自作證成就遊：生已盡，梵行已立，所作已辦，不更受有，知如真。尊者沙門二十億知法已，至得阿羅訶。彼時尊者沙門二十億得阿羅訶已，而作是念：「今正是時，我寧可往詣世尊所，說得究竟智耶？」

於是尊者沙門二十億往詣佛所，稽首作禮，却坐一面，白曰：「世尊！若有比丘得無所著，諸漏已盡，梵行已立，所作已辦，重擔已捨，有結已解，自得善義，正知解脫者，彼於爾時樂此六處：樂於無欲，樂於遠離，樂於無諍，樂於愛盡，樂於受盡，樂心不移動。世尊！或有一人而作是念：此賢者以依信故，樂於無欲者，不應如是觀，但欲盡、恚盡、癡盡，是樂於無欲。世尊！或有一人而作是念：此賢者以貪利稱譽求供養故，樂於遠離者，不應如是觀，但欲盡、恚盡、癡盡，是樂於遠離。世尊！或有一人而作是念：此賢者以依戒故，樂於無諍者，不應如是觀，但欲盡、恚盡、癡盡，是樂於無諍，樂於愛盡，樂於受盡，樂心不移動。世尊！若有比丘得無所著，諸漏已盡，梵行已立，所作已辦，重擔已捨，有結已解，自得善義，正智正解脫者，彼於爾時樂此六處。

「世尊！若有比丘學未得意，求願無上安隱涅槃者，彼於爾時成就學根及學戒。彼於後時諸漏已盡，而得無漏心解脫、慧解脫，於現法中自知自覺，自作證成就遊：生已盡，梵行已立，所作已辦，不更受有，知如真者，彼於爾時成就無學根及無學戒。世尊！猶幼少童子，彼於爾時成就小根及小戒。彼於後時具足學根者，彼於爾時成就學根及學戒。

「如是，世尊！若有比丘學未得意，求願無上安隱涅槃者，彼於爾時成就學根及學戒。彼於後時諸漏已盡，而得無漏心解脫、慧解脫，於現法中自知自覺，自作證成就遊：生已盡，梵行已立，所作已辦，不更受有，知如真者，彼於爾時成就無學根及無學戒。彼若有眼所知色與對眼者，不能令失此心解脫、慧解脫，心在內住善制守持，觀*興衰法。若有耳所知聲、鼻所知香、舌所知味、身所知觸，意所知法與對意者，不能令失此心解脫、慧解脫，心在內住善制守持，觀興衰法。

「世尊！猶去村不遠有大石山，不破不缺，不脆堅住，不空合一，若東方有大風雨來，不能令搖，不動轉移，亦非東方風移至南方。若南方有大風雨來，不能令搖，不動轉移，亦非南方風移至西方。若西方有大風雨來，不能令搖，不動轉移，亦非西方風移至北方。若北方有大風雨來，不能令搖，不動轉移，亦非北方風移至諸方。如是彼若有眼所知色與對眼者，不能令失此心解脫、慧解脫，心在內住善制守持，觀興衰法。若有耳所知聲、鼻所知香、舌所知味、身所知觸，意所知法與對意者，不能令失此心解脫、慧解脫，心在內住善制守*持，觀興衰法。」

於是尊者沙門二十億說此頌曰：

樂在無欲，心存遠離，喜於無諍，受盡欣悅。
亦樂受盡，心不移動，得知如真，從是心解。
得心解已，比丘息根，作已不觀，無所求作。
猶如石山，風不能動，色聲香味，身觸亦然；
愛不愛法，不能動心。

尊者沙門二十億於佛前說得究竟智已，即從坐起，稽首佛足，繞三匝而去。

爾時世尊，尊者沙門二十億去後不久，告諸比丘：「諸族姓子！

應如是來於我前說得究竟智，如沙門二十億來於我前說得究竟智，不自譽，不慢他，說義現法隨諸處也。莫令如癡增上慢所纏，來於我前說得究竟智，彼不得義，但大煩勞。沙門二十億來於我前說得究竟智，不自譽，不慢他，說義現法隨諸處也。」

佛說如是，彼諸比丘聞佛所說，歡喜奉行。

沙門二十億經第七竟一千七百三十九字

(一二四)中阿含大品八難經第八第三念誦

我聞如是：一時，佛遊舍衞國，在勝林給孤獨園。

爾時世尊告諸比丘：「人行梵行而有八難，八非時也。云何為八？若時如來、無所著、等正覺、明行成為、善逝、世間解、無上士、道法御、天人師、號佛、衆祐，出世說法，趣向止息，趣向滅訖，趣向覺道，為善逝所演，彼人爾時生地獄中，是謂人行梵行第一難，第一非時。

「復次，若時如來、無所著、等正覺、明行成為、善逝、世間解、無上士、道法御、天人師、號佛、衆祐，出世說法，趣向止息，趣向滅訖，趣向覺道，為善逝所演。彼人爾時生畜生中，生餓鬼中，生長壽天中，生在邊國夷狄之中，無信無恩，無有反復，若無比丘、比丘尼、優婆塞、優婆夷，是謂人行梵行第五難，第五非時。

「復次，若時如來、無所著、等正覺、明行成為、善逝、世間解、無上士、道法御、天人師、號佛、衆祐，出世說法，趣向止息，趣向滅訖，趣向覺道，為善逝所演。彼人爾時雖生中國，而聾瘂如羊鳴，常以手語，不能知說善惡之義，是謂人行梵行第六難，第六非時。

「復次，若時如來、無所著、等正覺、明行成為、善逝、世間解、無上士、道法御、天人師、號佛、衆祐，出世說法，趣向止息，趣向滅訖，趣向覺道，為善逝所演。彼人爾時雖生中國，不聾、不瘂，不如羊鳴，不以手語，又能知說善惡之義，然有邪見及顛倒見，如是見、如是說：『無施無齋，無有呪說；無善惡業，無善惡業報；無此世彼世，無父無母；世無真人往至善處，善去、善向，此世彼世自知自覺，自作證成就遊。』是謂人行梵行第七難，第七非時。

「復次，若時如來、無所著、等正覺、明行成為、善逝、世間解、無上士、道法御、天人師、號佛、衆祐，不出於世，亦不說法，趣向止息，趣向滅訖，趣向覺道，為善逝所演。彼人爾時生於中國，不聾、不瘂，不如羊鳴，不以手語，又能知說善惡之義，而有正見、不顛倒見，如是見、如是說：『有施有齋，亦有呪說；有善惡業，有善惡業報；有此世彼世，有父有母；世有真人往至善處，善去、善向，此世彼世自知自覺，自作證成就遊。』是謂人行梵行第八難，第八非時。

「人行梵行有一不難，有一是時。云何人行梵行有一不難，有一是時？若時如來、無所著、等正覺、明行成為、善逝、世間解、無上士、道法御、天人師、號佛、衆祐，出世說法，趣向止息，趣向滅訖，趣向覺道，為善逝所演。彼人爾時生於中國，不聾、不瘂，不如羊鳴，不以手語，又能知說善惡之義，而有正見、不顛倒見，如是見、如是說：『有施有齋，亦有呪說；有善惡業，有善惡業報；有此世彼世，有父有母；世有真人往至善處，善去、善向，此世彼世自知自覺，自作證成就遊。』是謂人行梵行有一不難，有一是時。」

於是世尊說此頌曰：

若得人身者，　說最微妙法，　若有不得果，　必不遇其時。
多說梵行難，　人在於後世，　若得遇其時，　是世中甚難。
欲得復人身，　及聞微妙法，　當以精勤學，　人自哀愍故。

談說聞善法，　莫令失其時，　若失此時者，　必憂墮地獄。
若不遇其時，　不聞說善法，　如商人失財，　受生死無量。
若有得人身，　聞說正善法，　遵奉世尊教，　必遭遇其時。
若遭遇此時，　堪任正梵行，　成就無上眼，　日親之所說。
彼為常自護，　進行離諸使，　斷滅一切結，　降魔魔眷屬；
彼度於世間，　謂得盡諸漏。

佛說如是，彼諸比丘聞佛所說，歡喜奉行。

八難經第八竟一千三十三字

(一二五)中阿含大品貧窮經第九第三念誦

我聞如是：一時，佛遊舍衛國，在勝林給孤獨園。

爾時世尊告諸比丘：「世有欲人貧窮，為大苦耶？」

諸比丘白曰：「爾也，世尊！」

世尊復告諸比丘曰：「若有欲人貧窮舉貸他家財物，世中舉貸他家財物，為大苦耶？」

諸比丘白曰：「爾也，世尊！」

世尊復告諸比丘曰：「若有欲人舉貸財物，不得時還，*白曰長息；世中長息，為大苦耶？」

諸比丘白曰：「爾也，世尊！」

世尊復告諸比丘曰：「若有欲人長息不還，財主責索；世中財主責索，為大苦耶？」

諸比丘白曰：「爾也，世尊！」

世尊復告諸比丘曰：「若有欲人財主責索，不能得償，財主數往至彼求索；世中財主數往至彼求索，為大苦耶？」

諸比丘白曰：「爾也，世尊！」

世尊復告諸比丘曰：「若有欲人財主數往至彼求索，彼故不還，便為財主之所收縛；世中為財主收縛，為大苦耶？」

諸比丘白曰：「爾也，世尊！」

「是為世中有欲人貧窮是大苦，世中有欲人舉貸財物是大苦，世中有欲人舉貸長息是大苦，世中有欲人財主責索是大苦，世中有欲人財主數往至彼求索是大苦，世中有欲人為財主收縛是大苦。

「如是若有於此聖法之中，無信於善法，無禁戒，無博聞，無布施，無智慧於善法，彼雖多有金銀、琉璃、水精、摩尼、白珂、螺璧、珊瑚、琥珀、碼碯、瑇瑁、硨磲、碧玉、赤石、琁珠，然彼故貧窮無有力勢，是我聖法中說不善貧窮也。

「彼身惡行，口、意惡行，是我聖法中說不善舉貸也。彼欲覆藏身之惡行，不自發露，不欲道說，不欲令人訶責不順求；欲覆藏口、意惡行，不自發露，不欲道說，不欲令人訶責不順求，是我聖法中說不善長息也。

「彼或行村邑及村邑外，諸梵行者見已，便作是說：『諸賢！此人如是作，如是行，如是惡，如是不淨，是村邑刺。』彼作是說：『諸賢！我不如是作，不如是行，不如是惡，不如是不淨，亦非村邑刺。』是我聖法中說不善責索也。

「彼或在無事處，或在山林樹下，或在空閑居，念三不善念：欲念、恚念、害念，是我聖法中說不善數往求索也。彼作身惡行，口、意惡行，彼作身惡行，口、意惡行已，因此緣此，身壞命終必至惡處，生地獄中，是我聖法中說不善收縛也。我不見縛更有如是苦、如是重、如是麤、如是不可樂，如地獄、畜生、餓鬼縛也。此三苦縛，漏盡阿羅訶比丘已知滅盡，拔其根本，永無來生。」

於是世尊說此頌曰：

世間貧窮苦，舉貸他錢財，舉貸錢財已，他責為苦惱。
財主往求索，因此收繫縛，此縛甚重苦，世間樂於欲。
於聖法亦然，若無有正信，無慚及無愧，作惡不善行。
身作不善行，口意俱亦然，覆藏不欲說，不樂正教訶。
若有數數行，意念則為苦，或村或靜處，因是必有悔。
身口習諸行，及意之所念，惡業轉增多，數數作復作。
彼惡業無慧，多作不善已，隨所生畢訖，必往地獄縛。
此縛最甚苦，雄猛之所離，如法得財利，不負得安隱。
施與得歡喜，二俱皆獲利，如是諸居士，因施福增多。
如是聖法中，若有好誠信，具足成慚愧，庶幾無慳貪。

已捨離五蓋，常樂行精進，成就諸禪定，滿具常棄樂。
已得無食樂，猶如水浴淨，不動心解脫，一切有結盡。
無病為涅槃，謂之無上燈，無憂無塵安，是說不移動。

佛說如是，彼諸比丘聞佛所說，歡喜奉行。

貧窮經第九竟一千一十字

中阿含經卷第二十九八千八百三字

中阿含經卷第三十

東晉罽賓三藏瞿曇僧伽提婆譯

（一二六）大品行欲經第十第三念誦

我聞如是：一時，佛遊舍衛國，在勝林給孤獨園。

爾時給孤獨居士往詣佛所，稽首佛足，却坐一面，白曰：「世尊！世中為有幾人行欲？」

世尊告曰：「居士！世中凡有十人行欲。云何為十？居士！有一行欲人，非法無道求索財物。彼非法無道求財物已，不自養安隱及父母、妻子、奴婢、作使，亦不供養沙門、梵志，令昇上與樂俱而受樂報，生天長壽，如是有一行欲人也。

「復次，居士！有一行欲人，非法無道求索財物。彼非法無道求財物已，能自養安隱及父母、妻子、奴婢、作使，而不供養沙門、梵志，令昇上與樂俱而受樂報，生天長壽，如是有一行欲人也。

「復次，居士！有一行欲人，非法無道求索財物。彼非法無道求財物已，能自養安隱及父母、妻子、奴婢、作使，亦供養沙門、梵志，令昇上與樂俱而受樂報，生天長壽，如是有一行欲人也。

「復次，居士！有一行欲人，法非法求索財物。彼法非法求財物已，不自養安隱及父母、妻子、奴婢、作使，亦不供養沙門、梵志，令昇上與樂俱而受樂報，生天長壽，如是有一行欲人也。

「復次，居士！有一行欲人，法非法求索財物。彼法非法求財物已，能自養安隱及父母、妻子、奴婢、作使，而不供養沙門、梵志，令昇上與樂俱而受樂報，生天長壽，如是有一行欲人也。

「復次，居士！有一行欲人，法非法求索財物。彼法非法求財物已，能自養安隱及父母、妻子、奴婢、作使，亦供養沙門、梵志，令昇上與樂俱而受樂報，生天長壽，如是有一行欲人也。

「復次，居士！有一行欲人，如法以道求索財物。彼如法以道求財物已，不自養安隱及父母、妻子、奴婢、作使，亦不供養沙門、梵志，令昇上與樂俱而受樂報，生天長壽，如是有一行欲人也。

「復次，居士！有一行欲人，如法以道求索財物。彼如法以道求財物已，能自養安隱及父母、妻子、奴婢、作使，而不供養沙門、梵志，令昇上與樂俱而受樂報，生天長壽，如是有一行欲行人也。

「復次，居士！有一行欲人，如法以道求索財物。彼如法以道求財物已，能自養安隱及父母、妻子、奴婢、作使，亦供養沙門、梵志，令昇上與樂俱而受樂報，生天長壽；得財物已染著縛繳，繳已染著，不見災患，不知出要而用，如是有一行欲人也。

「復次，居士！有一行欲人，如法以道求索財物。彼如法以道求財物已，能自養安隱及父母、妻子、奴婢、作使，亦供養沙門、梵志，令昇上與樂俱而受樂報，生天長壽；得財物已不染不著，不縛不繳，不繳已染著，見災患，知出要而用，如是有一行欲人也。

「居士！若有一行欲人，非法無道求索財物。彼非法無道求財物已，不自養安隱及父母、妻子、奴婢、作使，亦不供養沙門、梵志，令昇上與樂俱而受樂報，生天長壽者，此行欲人於諸行欲人為最下也。

「居士！若有一行欲人，法非法求索財物。彼法非法求財物已，自養安隱及父母、妻子、奴婢、作使，亦供養沙門、梵志，令昇上與樂俱而受樂報，生天長壽者，此行欲人於諸行欲人為最上也。

「居士！若有一行欲人，如法以道求索財物。彼如法以道求財物已，自養安隱及父母、妻子、奴婢、作使，亦供養沙門、梵志，令昇上與樂俱而受樂報，生天長壽；得財物已不染不著，不縛不繳，不繳已染著，見災患，知出要而用者，此行欲人於諸行欲人為最第一，最大、最上、最勝、最尊，為最妙也。猶如因牛有乳，因乳有酪，因酪有生酥，因生酥有熟酥，因熟酥有酥精。酥精者，為最第一，最大、最上、最勝、最尊，為最妙也。如是，居士！此行欲人於諸行欲人為最第一，最大、最上、最勝、最尊，為最妙也。」

於是世尊說此頌曰：

若非法求財，　及法非法求，　不供不自用，　亦不施為福，
二俱皆有惡，　於行欲最下。　若如法求財，　自身懃所得，
供他及自用，　亦以施為福，　二俱皆有德，　於行欲最上。

若得出要慧，　行欲住在家，　見災患知足，　節儉用財物；
彼得出欲慧，　於行欲最上。

佛說如是，給孤獨居士及諸比丘聞佛所說，歡喜奉行。

行欲經第十竟（千二百五十三字）

(一二七)中阿含大品福田經第十一（第三念誦）

我聞如是：一時，佛遊舍衛國，在勝林給孤獨園。

爾時給孤獨居士往詣佛所，稽首佛足，却坐一面，白曰：「世尊！世中為有幾福田人？」

世尊告曰：「居士！世中凡有二種福田人。云何為二？一者、學人，二者、無學人。學人有十八，無學人有九。居士！云何十八學人？信行、法行、信解脫、見到、身證、家家、一種、向須陀洹、得須陀洹、向斯陀含、得斯陀含、向阿那含、得阿那含、中般涅槃、生般涅槃、行般涅槃、無行般涅槃、上流色究竟，是謂十八學人。居士！云何九無學人？思法、昇進法、不動法、退法、不退法、護法（護則不退，不護則退）、實住法、慧解脫、俱解脫，是謂九無學人。」

於是世尊說此頌曰：

世中學無學，　可尊可奉敬，　彼能正其身，　口意亦復然，
居士是良田，　施彼得大福。

佛說如是，給孤獨居士及諸比丘聞佛所說，歡喜奉行。

福田經第十一竟二百六十七字

（一二八）中阿含大品優婆塞經第十二第三念誦

我聞如是：一時，佛遊舍衛國，在勝林給孤獨園。

爾時給孤獨居士與大優婆塞眾五百人俱，往詣尊者舍梨子所，稽首作禮，却坐一面；五百優婆塞亦為作禮，却坐一面。給孤獨居士及五百優婆塞坐一面已，尊者舍梨子為彼說法，勸發渴仰，成就歡喜。無量方便為彼說法，勸發渴仰，成就歡喜已，即從座起，往詣佛所，稽首佛足，却坐一面。尊者舍梨子去後不久，給孤獨居士及五百優婆塞亦詣佛所，稽首佛足，却坐一面。

尊者舍梨子及衆坐已定，世尊告曰：「舍梨子！若汝知白衣聖弟子，善護行五法及得四增上心，現法樂居，易不難得，舍梨子！汝當記別聖弟子：地獄盡，畜生、餓鬼及諸惡處亦盡，得須陀洹，不墮惡法定趣正覺，極受七有，天上人間七往來已而得苦邊。

「舍梨子！云何白衣聖弟子善護行五法？白衣聖弟子者離殺、斷殺，棄捨刀杖，有慙有愧，有慈悲心，饒益一切乃至蜫蟲，彼於殺生淨除其心。白衣聖弟子善護行，此第一法。

「復次，舍梨子！白衣聖弟子離不與取，斷不與取與而後取，樂於與取，常好布施，歡喜無悋，不望其報，不以偷所覆，常自護已，彼於不與取淨除其心。白衣聖弟子善護行，此第二法。

「復次，舍梨子！白衣聖弟子離邪婬、斷邪婬，彼或有父所護，或母所護，或父母所護，或兄弟所護，或姉妹所護，或婦父母所護，或親親所護，或同姓所護，或為他婦女，有鞭罰恐怖，及有名雇*賃至華鬘親；不犯如是女，彼於邪淫淨除其心。白衣聖弟子善護行，此第三法。

「復次，舍梨子！白衣聖弟子離妄言、斷妄言，真諦言，樂真諦，住真諦不移動，一切可信不欺世間，彼於妄言淨除其心。白衣聖弟子善護行，此第四法。

「復次，舍梨子！白衣聖弟子離酒、斷酒，彼於飲酒淨除其心。白衣聖弟子善護行，此第五法。

「舍梨子！白衣聖弟子云何得四增上心，現法樂居易不難得？白衣聖弟子念如來：『彼如來、無所著、等正覺、明行成為、善逝、世間解、無上士、道法御、天人師、號佛、衆祐。』如是念如來已，若有惡欲即便得滅，心中有不善穢汚、愁苦憂慼亦復得滅。白衣聖弟子攀緣如來，心靖得喜，若有惡欲即便得滅，心中有不善穢汚、愁苦憂慼亦復得滅。白衣聖弟子得第一增上心，現法樂居易不難得。

「復次，舍梨子！白衣聖弟子念法：『世尊善說法，必至究竟，無煩無熱，常有不移動。』如是觀、如是覺、如是知、如是念法已，若有惡欲即便得滅，心中有不善穢汚、愁苦憂慼亦復得滅。白衣聖弟子攀緣法，心靖得喜，若有惡欲即便得滅，心中有不善穢汚、愁苦憂慼亦復得滅。白衣聖弟子得此第二增上心。

「復次，舍梨子！白衣聖弟子念衆：『如來聖衆善趣正趣，向法次法，順行如法。彼衆實有阿羅訶、趣阿羅訶，有阿那含、趣阿那含，有斯陀含、趣斯陀含，有須陀洹、趣須陀洹，是謂四雙八輩。謂如來衆成就尸賴，成就三昧，成就般若，成就解脫，成就解脫知見，可敬可重，可奉可供，世良福田。』彼如是念如來衆，若有惡欲即便得滅，心中有不善穢污、愁苦憂慼亦復得滅。白衣聖弟子攀緣如來衆，心靖得喜，若有惡欲即便得滅，心中有不善穢污、愁苦憂慼亦復得滅。白衣聖弟子是謂得第三增上心，現法樂居易不難得。

「復次，舍梨子！白衣聖弟自念尸賴：『此尸賴不缺不穿，無穢無濁，住如地不虛妄，聖所稱譽，具善受持。』彼如是自念尸賴，若有惡欲即便得滅，心中有不善穢汚、愁苦憂慼亦復得滅。白衣聖弟子攀緣尸賴，心靖得喜，若有惡欲即便得滅，心中有不善穢汚、愁苦憂慼亦復得滅。白衣聖弟子是謂得第四增上心，現法樂居易不難得。

「舍梨子！若汝知白衣聖弟子善護行此五法，得此四增上心，現法樂居易不難得者，舍梨子！汝記別白衣聖弟子：地獄盡，畜生、餓鬼及諸惡處亦盡，得須陀洹，不墮惡法定趣正覺，極受七有，天上人間七往來已而得苦邊。」

於是世尊說此頌曰：

慧者住在家，　見地獄恐怖，　因受持聖法，　除去一切惡。

不殺害衆生，知而能捨離，真諦不妄言，不盜他財物。
自有婦知足，不樂他人妻，捨離斷飲酒，心亂狂癡本。
常當念正覺，思惟諸善法，念衆觀尸賴，從是得歡喜。
欲行其布施，當以望其福，先施於息心，如是成果報。
我今說息心，舍梨*子善聽，若有黑及白，赤色之與黃，
尨色愛樂色，牛及諸鴿鳥，隨彼所生處，良御牛在前。
身力成具足，善速往來快，取彼之所能，莫以色為非。
如是此人間，若有所生處，剎帝*利梵志，居士本工師；
隨彼所生處，長老淨持戒，世無著善逝，施彼得大果。
愚癡無所知，無慧無所聞，施彼得果少，無光無所照。

若光有所照，　有慧佛弟子，　信向善逝者，　根生善堅住。
彼是生善處，　如意往人家，　最後得涅槃，　如是各有緣。

佛說如是，尊者舍梨子及諸比丘、給孤獨居士、五百優婆塞聞佛所說，歡喜奉行。

優婆塞經第十二竟千五百四十九字

(一二九)中阿含大品怨家經第十三第三念誦

我聞如是：一時，佛遊舍衞國，在勝林給孤獨園。

爾時世尊告諸比丘：「有七怨家法而作怨家，謂男女輩瞋恚時來。云何為七？怨家者，不欲令怨家有好色。所以者何？怨家者，不樂怨家有好色。人有瞋恚，習瞋恚，瞋恚所覆，心不捨瞋恚。彼雖好沐浴，名香塗身，然色故惡。所以者何？因瞋恚所覆，心不捨瞋恚故。是謂第一怨家法而作怨家，謂男女輩瞋恚時來。

「復次，怨家者，不欲令怨家安隱眠。所以者何？怨家者，不樂怨家安隱眠。人有瞋恚，習瞋恚，瞋恚所覆，心不捨瞋恚。彼雖臥以御床，敷以氍氀毾㲪，覆以錦綺羅*縠，有*襯體被，兩頭安枕，加陵伽波惒邏波遮悉多羅那，然故憂苦眠。所以者何？因瞋恚所覆，心不捨瞋恚故。是謂第二怨家法而作怨家，謂男女輩瞋恚時來。

「復次，怨家者，不欲令怨家得大利。所以者何？怨家者，不樂怨家得大利。人有瞋恚，習瞋恚，瞋恚所覆，心不捨瞋恚。彼應得利而不得利，應不得利而得利。彼此二法更互相違，大得不利。所以者何？因瞋恚所覆，心不捨瞋恚故。是謂第三怨家法而作怨家，謂男女輩瞋恚時來。

「復次，怨家者，不欲令怨家有朋友。所以者何？怨家者，不樂怨家有朋友。人有瞋恚，習瞋恚，瞋恚所覆，心不捨瞋恚。彼若有親朋友，捨離避去。所以者何？因瞋恚所覆，心不捨瞋恚故。是謂第四怨家法而作怨家，謂男女輩瞋恚時來。

「復次，怨家者，不欲令怨家有稱譽。所以者何？怨家者，不樂怨家有名稱。人有瞋恚，習瞋恚，瞋恚所覆，心不捨瞋恚。彼惡名醜聲周聞諸方。所以者何？因瞋恚所覆，心不捨瞋恚故。是謂第五怨家法而作怨家，謂男女輩瞋恚時來。

「復次，怨家者，不欲令怨家極大富。所以者何？怨家者，不樂怨家極大富。人有瞋恚，習瞋恚，瞋恚所覆，心不捨瞋恚。彼作如是身、口、意行，使彼大失財物。所以者何？因瞋恚所覆，心不捨瞋恚故。是謂第六怨家法而作怨家，謂男女輩瞋恚時來。

「復次，怨家者，不欲令怨家身壞命終必至善處，生於天上。所以者何？怨家者，不樂怨家往至善處。人有瞋恚，習瞋恚，瞋恚所覆，心不捨瞋恚，身、口、意惡行。彼身、口、意惡行已，身壞命終必至惡處，生地獄中。所以者何？因瞋恚所覆，心不捨瞋恚故。是謂第七怨家法而作怨家，謂男女輩瞋恚時來。此七怨家法而作怨家，謂男女輩瞋恚時來。」

於是世尊說此頌曰：

瞋者得惡色，眠臥苦不安，應獲得大財，反更得不利。
親親善朋友，遠離瞋恚人，數數習瞋恚，惡名流諸方。
瞋作身口業，恚纏行意業，人為恚所覆，失一切財物。
瞋恚生不利，瞋恚生心穢，恐怖生於內，人所不能覺。
瞋者不知義，瞋者不曉法，無目盲闇塞，謂樂瞋恚人。
恚初發惡色，猶火始起烟，從是生憎嫉，緣是諸人瞋。
若瞋者所作，善行及不善，於後瞋恚*盛，煩熱如火燒。
所謂煩熱業，及諸法所纏，彼彼我今說，汝等善心聽。

瞋者逆害父，及於諸兄弟，亦殺姉與妹，瞋者多所殘。
所生及長養，得見此世間，因彼得存命，此母瞋亦害。
無羞無慚愧，瞋纏無所言，人為恚所覆，口無所不說。
造作癡罪逆，而自夭其命，作時不自覺，因瞋生恐怖。
繫著自己身，愛樂無極已，雖愛念己身，瞋者亦自害。
以刀而自刺，或從巖自投，或以繩自絞，及服諸毒藥。
如是像瞋恚，是死依於恚，彼彼一切斷，用慧能覺了。
小小不善業，慧者了能除，當堪耐是行，欲令無惡色。
無恚亦無憂，除烟無貢高，調御斷瞋恚，滅訖無有漏。

佛說如是，彼諸比丘聞佛所說，歡喜奉行。

怨家經第十三竟千一百十五字

（一三〇）中阿含大品教曇彌經第十四第三念誦

我聞如是：一時，佛遊舍衛國，在勝林給孤獨園。

爾時尊者曇彌為生地尊長，作佛圖主，為人所宗，凶暴急弊極為麤惡，罵詈責數於諸比丘。因此故，生地諸比丘皆捨離去，不樂住此。於是生地諸優婆塞見生地諸比丘皆捨離去，不樂住此，便作是念：「此生地諸比丘以何意故皆捨離去，不樂住此？」

生地諸優婆塞聞：「此生地尊者曇彌，生地尊長，作佛圖主，為人所宗，凶暴急弊極為麤惡，罵詈責數於諸比丘。因此故，生地諸比丘皆捨離去，不樂住此。」

生地諸優婆塞聞已，即共往詣尊者曇彌所，驅逐曇彌，令出生地諸寺中去。

於是尊者曇彌為生地諸優婆塞所驅，令出生地諸寺中去，即攝衣持鉢遊行，往詣舍衛國，展轉進至舍衛國住勝林給孤獨園。於是尊者曇彌往詣佛所，稽首佛足，却坐一面，白曰：「世尊！我於生地諸優婆塞無所污、無所說、無所犯，然生地諸優婆塞橫驅逐我，令出生地諸寺中去。」

彼時世尊告曰：「止！止！曇彌！何須說此？」

尊者曇彌叉手向佛，再白曰：「世尊！我於生地諸優婆塞無所污、無所說、無所犯，然生地諸優婆塞橫驅逐我，令出生地諸寺中去。」

世尊亦再告曰：「曇彌！往昔之時，此閻浮洲有諸商人乘船入海，持視岸鷹行。彼入大海不遠，便放視岸鷹。若視岸鷹得至大海岸者，終不還船。若視岸鷹不得至大海岸者，便來還船。如是曇彌為生地優婆塞所驅逐，令出生地諸寺故，便還至我所。止！止！曇彌！何須復說此？」

尊者曇彌復三白曰：「世尊！我於生地諸優婆塞，無所汚、無所說、無所犯，然生地諸優婆塞橫驅逐我，令出生地諸寺中去。」

世尊亦復三告曰：「曇彌！汝住沙門法，為生地諸優婆塞所驅逐，令出生地諸寺耶？」

於是尊者曇彌即從座起，叉手向佛，白曰：「世尊！云何沙門住沙門法？」

世尊告曰：「曇彌！昔時有人壽八萬歲。曇彌！人壽八萬歲時，此閻浮洲極大富樂，多有人民，村邑相近如鷄一飛。曇彌！人壽八萬歲時，女年五百歲乃嫁。曇彌！人壽八萬歲時，有如是病：大便、小便、欲、不食、老。曇彌！人壽八萬歲時，有王名高羅婆，聰明智慧，為轉輪王，有四種軍整御天下，如法法王成就七寶。彼七寶者：輪寶、象寶、馬寶、珠寶、女寶、居士寶、主兵臣寶，是為七。具足千子，顏貌端政，勇猛無畏能伏他衆。彼必統領此一切地乃至大海，不以刀杖，以法治化，令得安隱。

「曇彌！高羅婆王有樹，名善住尼拘類⊙樹王。曇彌！善住尼拘類樹王而有五枝：第一枝者、王所食及皇后，第二枝者、太子食及諸臣，第三枝者、國人民食，第四枝者、沙門、梵志食，第五枝者、禽獸所食。曇彌！善住尼拘類樹王果大如二升瓶，味如淳蜜丸。曇彌！善住尼拘類樹王果無有護者，亦無更相偷。有一人來，饑渴極羸顏色憔悴，欲得食果，往至善住尼拘類樹王所，飽噉果已，毀折其枝，持果歸去。善住尼拘類樹王，有一天依而居之，彼作是念：『閻浮洲人異哉無恩，無有反復！所以者何？從善住尼拘類樹王飽噉果已，毀折其枝，持果歸去，寧令善住尼拘類樹王無果、不生果！』善住尼拘類王即無果，亦不生果。

「復有一人來，饑渴極羸顏色憔悴，欲得噉果，往詣善住尼拘類樹王所，見善住尼拘類樹王無果、亦不生果，即便往詣高羅婆王所，白曰：『天王！當知善住尼拘類樹王無果，亦不生果。』高羅婆王聞已，猶如力士屈伸臂頃，如是高羅婆王於拘樓瘦沒，至三十三天，住天帝釋前，白曰：『拘翼！當知善住尼拘類樹王無果，亦不生果。』於是天帝釋及高羅婆王，猶如力士屈伸臂頃，如是天帝釋及高羅婆王，於三十三天中沒，至拘樓瘦，去善住尼拘類樹王不遠住。天帝釋作如其像如意足，以如其像如意足，化作大水暴風雨。作大水暴風雨已，善住尼拘類樹王拔根倒豎。

「於是善住尼拘類樹王居止樹天，因此故，憂苦愁慼，啼泣垂淚，在天帝釋前立。天帝釋問曰：『天！汝何意憂苦愁慼，啼泣垂淚，在我前立耶？』彼天白曰：『拘翼！當知大水暴風雨，善住尼拘類樹王拔根倒竪。』時天帝釋告彼樹天曰：『天！汝樹天住樹天法，大水暴風雨，善住尼拘類樹王拔根倒竪耶？』樹天白曰：『拘翼！云何樹天住樹天法耶？』天帝釋告曰：『天！若使人欲得樹根，持樹根去；欲得樹莖、樹枝、樹葉、樹華、樹果持去者，樹天不應瞋恚，不應憎嫉，心不應恨。樹天捨意而住樹天，如是樹天住樹天法。』

「天復白曰：『拘翼！我樹天不住樹天法，從今日始樹天住樹天法，願善住尼拘類樹王還復如本。』於是天帝釋作如其像如意足，作如其像如意足已，復化作大水暴風雨。化作大水暴風雨已，善住尼拘類樹王即復如故。如是，曇彌！若有比丘罵者不罵，瞋者不瞋，破者不破，打者不打，如是，曇彌！沙門住沙門法。」

於是尊者曇彌即從坐起，偏袒著衣，叉手向佛，啼泣垂淚，白曰：「世尊！我非沙門住沙門法，從今日始沙門住沙門法。」

世尊告曰：「曇彌！昔有大師，名曰善眼，為外道仙人之所師宗，捨離欲愛得如意足。曇彌！善眼大師有無量百千弟子。曇彌！善眼大師為諸弟子說梵世法。曇彌！若善眼大師為說梵世法時，諸弟子等有不具足奉行法者，彼命終已，或生四王天，或生三十三天，或生燄摩天，或生兜率哆天，或生化樂天，或生他化樂天。曇彌！若善眼大師為說梵世法時，諸弟子等設有具足奉行法者，彼修四梵室，捨離於欲，彼命終已得生梵天。曇彌！彼時善眼大師而作是念：『我不應與弟子等同俱至後世共生一處，我今寧可更修增上慈，修增上慈已，命終得生晃昱天中！』

「曇彌！彼時善眼大師，則於後時更修增上慈，修增上慈已，命終得生晃昱天中。曇彌！善眼大師及諸弟子，學道不虛得大果報。

「如善眼大師，如是牟犁破群那、阿羅那遮婆羅門、瞿陀梨舍哆、害提婆羅摩納、儲提摩麗橋鞞陀邏，及薩哆富樓奚哆。曇彌！七富樓奚哆師亦有無量百千弟子。曇彌！七富樓奚哆師為諸弟子說梵世法。若七富樓奚哆師，為說梵世法時，諸弟子等有不具足奉行法者，彼命終已，或生四王天，或生三十三天，或生燄摩天，或生兜率哆天，或生化樂天，或生他化樂天。若七富樓奚哆師為說梵世法時，諸弟子等設有具足奉行法者，彼修四梵室，捨離於欲，彼命終已得生梵天。

「曇彌！七富樓奚哆師而作是念：『我不應與弟子等同俱至後世共生一處，我今寧可更修增上慈，修增上慈已，命終得生晃昱天中！』曇彌！彼時七富樓奚哆師，則於後時更修增上慈，修增上慈已，命終得生晃昱天中。曇彌！七富樓奚哆師及諸弟子學道不虛，得大果報。曇彌！若有罵彼七師及無量百千眷屬，打破瞋恚責數者，必受無量罪。若有一成就正見佛弟子比丘得小果，罵詈打破瞋恚責數者，此受罪多於彼。是故，曇彌！汝等各各更迭相護。所以者何？離此過已，更無有失。」

於是世尊說此偈曰：「須涅、牟梨破群那、阿邏那遮婆羅門、瞿陀梨舍哆、害提婆羅摩納、儲提摩麗橋鞞陀邏、薩哆富樓奚哆。

此在過去世，七師有名德，無愛縛樂悲，欲結盡過去。
彼有諸弟子，無量百千數，彼亦離欲結，須臾不究竟。
若彼外仙人，善護行苦行，心中懷憎嫉，罵者受罪多。
若一得正見，佛子住小果，罵詈責打破，受罪多於彼。
是故汝曇彌，各各更相護，所以更相護，重罪無過是。
如是甚重苦，亦為聖所惡，必得受惡色，橫取邪見處。
此是最下人，聖法之所說，謂未離婬欲，得微妙五根，
信精進念處，正定及正觀。如是得此苦，前所受其殃，

自受其殃已，　於後便害他。　若能自護者，　彼為能護外，
是故當自護，　慧者無央樂。

佛說如是，尊者曇彌及諸比丘聞佛所說，歡喜奉行。

教曇彌經第十四竟二千四百二十四字

（一三一）中阿含大品降魔經第十五第三念誦

我聞如是：一時，佛遊婆奇瘦，在鼉山怖林鹿野園中。

爾時尊者大目犍連教授為佛而作禪屋，露地經行。彼時魔王化作細形，入尊者大目犍連腹中。於是尊者大目犍連即作是念：「我今腹*重猶如食豆，我寧可入如其像定，以如其像定自觀其腹。」

是時尊者大目犍連至經行道頭，敷尼師檀結跏趺坐，入如其像定，以如其像定自觀其腹，尊者大目犍連便知魔王在其腹中。

尊者大目犍連即從定寤，語魔王曰：「汝波旬出！汝波旬出！莫觸嬈如來，亦莫觸嬈如來弟子，莫於長夜無義無饒益，必生惡處受無量苦！」

彼時魔王便作是念：「此沙門不見不知而作是說：『汝波旬出！汝波旬出！莫觸嬈如來，亦莫觸嬈如來弟子，莫於長夜無義無饒益，必生惡處受無量苦！』汝之尊師有大如意足，有大威德，有大福祐，有大威神，彼猶不能速知速見，況復弟子能知見耶？」

尊者大目犍連復語魔王：「我復知汝意，汝作是念：『此沙門不知不見而作是說：「汝波旬出！汝波旬出！莫觸嬈如來，亦莫觸嬈如來弟子，莫於長夜無義無饒益，必生惡處受無量苦。」汝之尊師有大如意足，有大威德，有大福祐，有大威神，彼猶不能如是速知速見，況復弟子能知見耶？』」

彼魔波旬復作是念：「今此沙門知見我故，而作是說耳。」

於是魔波旬化作細形，從口中出，在尊者大目犍連前立。

尊者大目犍連告曰：「波旬！昔有如來名覺礫拘荀大無所著、等正覺，我時作魔，名曰惡。我有妹，名黑，汝是彼子。波旬！因此事故，汝是我*外甥。波旬！覺礫拘荀大如來、無所著、等正覺有二大弟子，一者、名音，二者、名想。波旬！以何義故，尊者音名音耶？

波旬！尊者音住梵天上，以常音聲滿千世界，更無有弟子音聲與彼等者、相似者、勝者。波旬！以是義故，尊者音名音也。

「波旬！復以何義尊者想名想耶？波旬！尊者想所依遊行村邑，過夜平旦，著衣持鉢，入村乞食，善護其身，善攝諸根，立於正念。彼乞食已，食訖，中後收舉衣鉢，澡洗手足，以尼師檀著於肩上，至無事處，或至山林樹下，或至閑居靜處，敷尼師檀結*跏趺坐，速入想知滅定。彼時若有放牛羊人、取樵草人，或行路人，入彼山林，見入想知滅定，便作是念：『今此沙門於無事處坐而命終，我等寧可以燥樵草，拾已積聚覆其身上而耶維之。』即拾樵草積覆其身，以火然之，便捨而去。彼尊者想，過夜平旦，從定寤起，抖擻衣服，所依村邑遊行，如常著衣，持鉢入村乞食，善護其身，善攝諸根，立於正念。彼放牛羊人、取樵草人，或行路人，入彼山林人先見者，便作是念：『今此沙門在無事處坐坐而命終，我等昨已拾燥樵草積覆其身，以火燒之，然已而去，然此賢更復想也。』波旬！以是義故，尊者想名想也。

「波旬！彼時惡魔便作是念：『此禿沙門以黑所縛，斷種無子，彼學禪，伺、增伺、數數伺。猶若如驢竟日負重繫在櫪上，不得麥食，為彼麥故，伺、增伺、數數伺。如是此禿沙門為黑所縛，斷種無子，學禪，伺、增伺、數數伺。猶如猫子在鼠穴邊，欲捕鼠故，伺、增伺、數數伺。如是此禿沙門為黑所縛，斷種無子，彼學禪，伺、增伺、數數伺。猶如鵂狐在燥樵積間，為捕鼠故，伺、增伺、數數伺。如是此禿沙門為黑所縛，斷種無子，學禪，伺、增伺、數數伺。猶如鶴鳥在水岸邊，為捕魚故，伺、增伺、數數伺。如是此禿沙門為黑所縛，斷無種子，學禪，伺、增伺、數數伺。

「『彼何所伺？為何義伺？求何等伺？彼調亂狂發敗壞。我不知彼何所從來，亦不知彼何所從去，亦不知住止，不知死，不知生，我寧可教勅梵志、居士：「汝等共來罵詈精進沙門，打破責數。所以者何？或罵打破責數時，儻能起惡心，令我得其便。」』波旬！彼時惡魔便教勅梵志、居士，彼梵志、居士罵詈精進沙門，打破責數。彼梵志、居士或以木打，或以石擲，或以杖撾，或傷精進沙門頭，或裂壞衣，或破應器。爾時梵志、居士若有死者，因此緣此，身壞命終必至惡處，生地獄中。彼生已，作是念：『我應受此苦，當復更受極苦過是。所以者何？以我等向精進沙門行惡行故。』

「波旬！覺礫拘荀大如來、無所著、等正覺弟子用傷其頭，裂壞其衣，破其應器已，往詣覺礫拘荀大如來、無所著、等正覺所。爾時覺礫拘荀大如來、無所著、等正覺無量百千眷屬圍遶而為說法，覺礫拘荀大如來、無所著、等正覺遙見弟子頭傷、衣裂、鉢破而來，見已告諸比丘：『汝等見不？惡魔教勅梵志、居士：「汝等共來罵詈精進沙門，打破*責數。所以者何？或罵打破責數時，儻能起惡心，令我得其便。」比丘！汝等當以心與慈俱，遍滿一方成就遊。如是二三四方、四維上下，普周一切心與慈俱，無結無怨，無恚無諍，極廣甚大，無量善修，遍滿一切世間成就遊。如是悲、喜，心與捨俱，無結無怨，無恚無諍，極廣甚大，無量善修，遍滿一切世間成就遊，令惡魔求便不能得便。』

「波旬！覺礫拘荀大如來、無所著、等正覺以此教教諸弟子，彼即受教，心與慈俱，遍滿一方成就遊。如是二三四方、四維上下，普周一切心與慈俱，無結無怨，無恚無諍，極廣甚大，無量善修，遍滿一切世間成就遊。如是悲、喜，心與捨俱，無結無怨，無恚無諍，極廣甚大，無量善修，遍滿一切世間成遊。以此故，彼惡魔求便不能得便。波旬！彼時惡魔復作是念：『我以此事求精進沙門便，而不能得，我寧可教勑梵志、居士：「汝等共來奉敬、供養、禮事精進沙門。或以奉敬、供養、禮事精進沙門，儻能起惡心，令我得其便。」』

「波旬！彼梵志、居士為惡魔所教勑已，即共奉敬、供養、禮事精進沙門，以衣敷地而作是說：『精進沙門可於上行，精進沙門難行而行，令我長夜得利饒益，安隱快樂！』梵志、居士以髮布地而作是說：『精進沙門可於上行，精進沙門難行而行，令我長夜得利饒益，安隱快樂！』梵志、居士以手捧持種種飲食，住道邊待而作是說：『精進沙門受是食是，可持是去，隨意而用，令我長夜得利饒益，安隱快樂！』諸信梵志、居士見精進沙門，敬心扶抱，將入於內，持種種財物與精進沙門，作如是說：『受是用是，可持是去，隨意所用。』

爾時梵志、居士若有死者，因此緣此，身壞命終必至善處，生於天上。生已，作是念：『我應受是樂，當復更受極樂勝是。所以者何？以我等向精進沙門行善行故。』

「波旬！覺礫拘荀大如來、無所著、等正覺弟子得奉敬、供養、禮事已，往詣覺礫拘荀大如來、無所著、等正覺所。是時覺礫拘荀大如來、無所著、等正覺無量百千眷屬圍遶而為說法。覺礫拘荀大如來、無所著、等正覺遙見弟子得奉敬、供養、禮事而來，見已告諸比丘：『汝等見不？惡魔教勅梵志、居士：「汝等共來奉敬、供養、禮事精進沙門。或以奉敬、供養、禮事精進沙門，儻能起惡心，令我得其便。」比丘！汝等當觀諸行無常，觀興衰法，觀無欲、觀捨離、觀滅、觀斷，令惡魔求便而不能得。』波旬！覺礫拘荀大如來、無所著、等正覺以此教教諸弟子，彼即受教，觀一切行無常，觀興衰法，觀無欲、觀捨離、觀滅、觀斷，令惡魔求便而不能得。

「波旬！彼時惡魔復作是念：『我以此事求精進沙門便而不能得，我寧可化作年少形，手執大杖，住其道邊，打尊者音頭，令破血流污面。』波旬！覺礫拘荀大如來、無所著、等正覺於後所依村邑遊行，彼於平旦著衣持鉢，入村乞食，尊者音在後侍從。波旬！爾時惡魔化作年少形，手執大杖，住在道邊，擊尊者音頭破血流污面。波旬！尊者音破頭流血已，隨從覺礫拘荀大如來、無所著、等正覺後，猶影不離。

「波旬！覺礫拘荀大如來、無所著、等正覺至村邑已，極其身力右旋顧視，猶如龍視，不恐不怖、不驚不懼而觀諸方。波旬！覺礫拘荀大如來、無所著、等正覺見尊者音頭破血流汚面，隨佛後行如影不離，便作是說：『此惡魔凶暴，大有威力，此惡魔不知厭足。』波旬！覺礫拘荀大如來、無所著、等正覺說語未訖，彼時惡魔便於彼處，其身即墮無缺大地獄。波旬！此大地獄而有四名：一者、無缺，二者、百釘，三者、逆刺，四者、六更。彼大地獄其中有卒往至惡魔所，語惡魔曰：『汝今當知，若釘釘等共合者，當知滿百年。』」

於是魔波旬聞說此已，即便心悸，恐怖驚懼身毛皆竪，向尊者大目揵連即說頌曰：

云何彼地獄，惡魔昔在中？嬈害佛梵行，及犯彼比丘。

尊者大目揵連即時以偈答魔波旬曰：

地獄名無缺，惡魔曾在中，嬈害佛梵行，及犯彼比丘。
彼鐵釘有百，一切各逆刺，地獄名無缺，惡魔昔在中。
若有不知者，比丘佛弟子，必得如是苦，受黑業之報。
若干種園觀，人者在於地，食自然粳米，居止在北洲。
大須彌山巖，善修之所熏，修習於解脫，受持最後身。
跱立在大泉，宮殿住至劫，金色可愛樂，猶火焰晃昱。
作諸衆妓樂，往詣帝釋所，本以一屋舍，善覺了為施。
若釋在前行，昇毘闍延殿，見釋大歡喜，天女各各舞，若見比丘來，還顧有慚愧。
大仙頗能知，愛盡得解脫？
拘翼我能知，愛盡得解脫。
比丘多饒益，所說如其義。
此殿名何等，汝釋攝持城？
是謂千世界，於千世界中，
天王天帝釋，自在隨所遊。
毘闍延殿內，釋得自在遊。
天王眼所觀，釋得自在遊。
難動不可震，如意足能搖。

若毘闍延殿，見比丘問義，
比丘即為答，問者如其義，
聞彼之所答，釋得歡喜樂，
若毘闍延殿，問帝釋天王，
釋答大仙人，名毘闍延哆，
無有勝此殿，如毘闍延哆，
愛樂那遊哆，化作一行百，
毘闍延大殿，足指能震動，
若鹿子母堂，築基極深堅，
彼有琉璃地，聖人之所履，

滑澤樂更觸，布柔軟綿褥。愛語共和合，天王常歡喜，
善能作妓樂，音節善諧和。*諸天來會聚，而說須陀洹，
若干無量千，及百諸那術。至三十三天，慧眼者說法，
聞彼所說法，歡喜而奉行。我亦有是法，如仙人所說，
謂至梵天上，問彼梵天事。梵故有此見，謂見昔時有，
我住有常存，恒有不變易。梵天為答彼，大仙我無見，
謂見昔時有，我恒常不變。我見此境界，諸梵皆過去，
我今何由說，恒常不變易。我見此世間，正覺之所說，
隨所因緣生，所往而轉還。火無有思念，我燒愚癡人，
火然若愚觸，必自然得燒。如是汝波旬，觸嬈於如來，

久作不善行，受報亦當久。魔汝莫厭佛，莫嬈害比丘。
一比丘降魔，住在於怖林。彼鬼愁憂慼，目連之所訶，
恐怖無智慧，即於彼處沒。
尊者大目揵連所說如是，彼魔波旬聞尊者大日揵連所說，歡喜奉行。

降魔經第十五竟（三千二百七十四字）

中阿含經卷第三十（九千五百一十五字）

中阿含經卷第三十一

東晉罽賓三藏瞿曇僧伽提婆譯

（一三二）大品賴吒和羅經第十六第三念誦

我聞如是：一時，佛遊拘樓瘦，與大比丘衆俱，往至鍮蘆吒，住鍮蘆吒村北尸攝和園中。

爾時鍮蘆吒梵志、居士聞：「沙門瞿曇釋種子，捨釋宗族出家學道，遊拘樓瘦與大比丘衆俱，來至此鍮蘆吒，住鍮蘆吒村北尸攝和園中。彼沙門瞿曇有大名稱周聞十方。沙門瞿曇如來、無所著、等正覺、明行成為、善逝、世間解、無上士、道法御、天人師、號佛、衆祐。彼於此世，天及魔、梵、沙門、梵志，從人至天自知自覺自作證成就遊。彼若說法，初妙、中妙、竟亦妙，有義有文，具足清淨顯現梵行。若見如來、無所著、等正覺尊重禮拜、供養承事者，快得善利，我等應共往見沙門瞿曇禮拜供養。」

鍮蘆吒梵志、居士聞已，各與等類眷屬相隨，從鍮蘆吒出，北行至尸攝恝園，欲見世尊禮拜供養。往詣佛已，彼鍮蘆吒梵志、居士，或稽首佛足，却坐一面；或問訊佛，却坐一面；或叉手向佛，却坐一面；或遙見佛已，默然而坐。彼時鍮蘆吒梵志、居士各坐已定，佛為說法，勸發渴仰，成就歡喜；無量方便為彼說法，勸發渴仰，成就歡喜已，默然而住。時鍮蘆吒梵志、居士，佛為說法，勸發渴仰，成就歡喜已，各從坐起，稽首佛足，繞佛三匝而去。

彼時賴吒积羅居士子故坐不起。於是賴吒积羅居士子，鍮蘆吒梵志、居士去後不久，即從坐起，偏袒著衣，叉手向佛，白曰：「世尊！如我知佛所說法者，若我在家為鎖所鎖，不得盡形壽清淨行梵行。世尊！願我得從世尊出家學道而受具足，得作比丘，淨修梵行。」

世尊問曰：「居士子！父母聽汝於正法律中，至信捨家無家學道耶？」

賴吒积羅居士子白曰：「世尊！父母未聽我於正法律中，至信捨家無家學道。」

世尊告曰：「居士子！若父母不聽汝於正法律中，至信捨家無家學道者，我不得度汝出家學道，亦不得受具足。」

賴吒惒羅居士子白曰：「世尊！我當方便從父母求，必令聽我於正法律中，至信捨家無家學道。」

世尊告曰：「居士子！隨汝所欲。」

於是賴吒惒羅居士子聞佛所說，善受善持，稽首佛足，繞三匝還歸，白曰：「二尊！如我知佛所說法者，若我在家為鎖所鎖，不得盡形壽清淨行梵行，唯願二尊聽我於正法律中，至信捨家無家學道！」

賴吒惒羅父母告曰：「賴吒惒羅！我今唯有汝一子，極愛憐念，意常愛樂，見無厭足。若汝命終，我尚不欲相棄捨也，況生別離不見汝耶？」

賴吒惒羅居士子復至再三白曰：「二尊！如我知佛所說法者，若我在家為鎖所鎖，不得盡形壽清淨行梵行，唯願二尊聽我於正法律中，至信捨家無家學道！」

賴吒惒羅居士子父母亦至再三告曰：「賴吒惒羅！我今唯有汝一子，極愛憐念，意常愛樂，見無厭足。若汝命終，我尚不欲相棄捨也，況生別離不見汝耶？」

於是賴吒惒羅居士即時臥地：「從今不起，不飲不食，乃至父母聽我於正法律中，至信捨家無家學道！」

於是賴吒積羅居士子一日不食，至二、三、四、多日不食。於是賴吒積羅居士子父母往至子所，告曰：「賴吒積羅！汝至柔軟，身體極好，常坐臥好床，汝今不知苦耶？賴吒積羅！汝可速起，行欲布施，快修福業。所以者何？賴吒積羅！世尊境界甚難！甚難！出家學道亦復甚難！」

爾時賴吒積羅居士子默然不答。

於是賴吒積羅居士子父母，往至賴吒積羅親親及諸臣所，而作是語：「汝等共來至賴吒積羅所，勸令從地起。」

賴吒積羅居士子親親及諸臣等，即便共至賴吒積羅所，語曰：「賴吒積羅！汝至柔軟身體極好，常坐臥好床，汝今不知苦耶？賴吒積羅！汝可速起，行欲布施，快修福業。所以者何？世尊境界甚難！甚難！出家學道亦復甚難！」

彼時賴吒惒羅居士子默然不答。

於是賴吒惒羅居士子父母至賴吒惒羅居士子善知識、同伴、同時所，而作是語：「汝等共來至賴吒惒羅所，勸令從地起。」

於是賴吒惒羅居士子善知識、同伴、同時即共往詣賴吒惒羅居士子所，而作是語：「賴吒惒羅！汝至柔軟，身體極好，常坐臥好床，汝今不知苦耶？賴吒惒羅！汝可速起，行欲布施，快修福業。所以者何？賴吒惒羅！世尊境界甚難！甚難！出家學道亦復甚難！」

彼時賴吒惒羅居士子默然不答。

於是賴吒和羅居士子善知識、同伴、同時往至賴吒和羅居士子父母所，作如是語：「可聽賴吒和羅於正法律中，至信捨家無家學道。若其樂者，於此生中故可相見；若不樂者，必自來還歸父母所。今若不聽定死無疑，當何所益？」

於是賴吒和羅居士子父母聞已，語賴吒和羅居士子善知識、同伴、同時曰：「我今聽賴吒和羅於正法律中，至信捨家無家學道。若學道來還，故可見也。」

賴吒和羅居士子善知識、同伴、同時即共往詣賴吒和羅所，便作是語：「居士子！父母聽汝於正法律中，至信捨家無家學道。若學道已，還見父母。」

賴吒和羅居士子聞是語已，便大歡喜，生愛生樂，從地而起，漸養其身。身平復已，從鍮蘆吒出，往詣佛所，稽首佛足，白曰：「世尊！父母聽我於正法律中，至信捨家無家學道。唯願世尊聽從世尊出家學道而受具足，得作比丘！」

於是世尊度賴吒和羅居士子出家學道，授其具足。授具足已，於鍮蘆吒隨住數時，於後則便攝衣持鉢，遊行展轉往至舍衛國，住勝林給孤獨園。尊者賴吒和羅出家學道，受具足已，在遠離獨住，心無放逸修行精懃。彼在遠離獨住，心無放逸修行精懃已，族姓子所為剃除鬚髮，著袈裟衣，至信捨家無家學道者，唯無上梵行訖，於現法中自知自覺自作證成就遊：生已盡，梵行已立，所作已辦，不更受有，知如真。尊者賴吒积羅知法已，至得阿羅訶。

於是尊者賴吒积羅得阿羅訶已後，或九年、十年，而作是念：「我本已許出家學道，還見父母，我今寧可還赴本要。」

於是尊者賴吒积羅往詣佛所，稽首佛足，却坐一面，白曰：「世尊！我本有要出家學道已，還見父母。世尊！我今辭行，往見父母，赴其本要。」

爾時世尊便作是念：「此賴吒积羅族姓子，若使捨戒罷道，行欲如本者，必無是處。」

世尊知已，告曰：「汝去，未度者度，未解脫者令得解脫，未滅訖者令得滅訖。賴吒积羅！今隨汝意。」

彼時尊者賴吒积羅聞佛所說，善受善持，即從坐起，稽首佛足，繞三匝而去。至己房中收舉臥具，著衣持鉢，遊行展轉往至鍮蘆吒，住鍮蘆吒村北尸攝积園。於是尊者賴吒积羅過夜平旦，著衣持鉢，入鍮蘆吒而行乞食。尊者賴吒积羅作如是念：「世尊稱歎次第乞食，我今寧可於此鍮蘆吒次第乞食。」

尊者賴吒积羅便於鍮蘆吒次第乞食，展轉至本家。

彼時尊者賴吒积羅父在中門住，修理鬚髮。尊者賴吒积羅父遙見尊者賴吒积羅來，便作是語：「此禿沙門為黑所縛，斷種無子，破壞我家。我有一子，極愛憐念，意常忍樂，見無厭足，彼將去度，當莫與食。」

尊者賴吒和羅自於父家不得布施，但得*責數☆：「此禿沙門為黑所縛，斷種無子，破壞我家。我有一子，極愛憐念，意常愛樂，見無厭足，彼將去度，當莫與食。」

尊者賴吒和羅知已，便速出去。彼時尊者賴吒和羅父家婢使，以箕盛臭爛飲食，欲棄著糞聚中。尊者賴吒和羅見父婢使，以箕盛臭爛飲食，欲棄著糞聚中，便作是語：「汝妹！若此⊙臭爛飲食法應棄者，可著我鉢中，我當食之。」

彼時尊者賴吒和羅父家婢使，以箕中臭爛飲食瀉著鉢中，瀉著鉢中時，取其二相識：其音聲及其手足。取二相已，即往至尊者賴吒和羅父所，而作是語：「尊今當知，尊子賴吒和羅還來至此鍮蘆吒，可往見之。」

尊者賴吒惒羅父聞已，大歡喜踊躍，左手攝衣，右手摩拉鬚髮，疾往詣尊者賴吒惒羅所。

彼時尊者賴吒惒羅向壁食此臭爛食，尊者賴吒惒羅父見尊者賴吒惒羅向壁食此臭爛食。作如是說：「汝賴吒惒羅！汝至柔軟身體極好，常食好食。賴吒惒羅！汝云何乃食此臭爛食耶？賴吒惒羅！汝以何意來此鍮蘆吒，而不能還至父母家耶？」

尊者賴吒惒羅白曰：「居士！我入父家不得布施，但得*責數☆：『此禿沙門為黑所縛，斷種無子，破壞我家。我唯有⊙一子，至愛憐念，意常愛樂，見無厭足，彼將去度，當莫與食。』我聞此已，便速出去。」

尊者賴吒惒羅父即辭謝曰：「賴吒惒羅可忍！賴吒惒羅可忍！我實不知賴吒惒羅還入父家。」

於是尊者賴吒惒羅父敬心扶抱尊者賴吒惒羅，將入於內，敷座令坐。尊者賴吒惒羅即便就坐。

於是其父見尊者賴吒惒羅坐已，往至婦所，而作是語：「卿今當知，賴吒惒羅族姓子今來還家，可速辦飲食！」

尊者賴吒惒羅母聞已，大歡喜踊躍，速辦飲食。辦飲食已，疾輦錢出，著中庭地，聚作大積。彼大錢積，一面立人，一面坐人，各不相見。作大錢積已，往詣尊者賴吒惒羅所，作如是語：「賴吒惒羅！

是汝母分所有錢財，汝父錢財無量，百千不可復計，今盡付汝。賴吒积羅！汝可捨戒罷道，行欲布施，快修福業。所以者何？世尊境界甚難！甚難！出家學道亦復甚難！」

尊者賴吒积羅白其母曰：「我今欲有所說，能見聽不？」

尊者賴吒积羅母語曰：「居士子！汝有所說，我當聽之。」

尊者賴吒积羅白其母曰：「當作新布囊，用盛滿錢，以車載之至恒伽江，瀉著深處。所以者何？因此錢故，令人憂苦愁慼啼哭，不得快樂。」

於是尊者賴吒积羅母而作是念：「以此方便，不能令子賴吒积羅捨戒罷道，我寧可至其本婦所，作如是語：『諸新婦等！汝可以先所著瓔珞嚴飾其身，賴吒積羅族姓子本在家時極所愛念。以此瓔珞速嚴身已，汝等共往至賴吒积羅族姓子所，各抱一足而作是說：「不審賢郎有何天女勝於我者，而令賢郎捨我為彼修梵行耶？」』」

於是其母即至尊者賴吒积羅其本婦所，作如是語：「諸新婦等！汝可以先所著瓔珞嚴飾其身，賴吒积羅族姓子本在家時極所愛念。以此瓔珞速嚴身已，汝等共往至賴吒积羅族姓子所，各抱一足而作是說：『不審賢郎有何天女勝於我者，而令賢郎捨我為彼修梵行耶？』」

彼時尊者賴吒积羅其本◎婦等，即各以先所著瓔珞嚴飾其身，尊者賴吒积羅本在家時極所愛念。以此瓔珞嚴飾身已，往詣尊者賴吒积羅所，各抱一足而作是說：「不審賢郎有何天女勝於我者，而令賢郎捨我為彼修梵行耶？」

尊者賴吒積羅語本婦曰：「諸妹！當知我不為天女故修於梵行，所為修梵行者，彼義已得佛教，所作今已成辦。」

尊者賴吒積羅諸婦等，却住一面，啼泣垂淚而作是語：「我非賢郎妹，然賢郎喚我為妹。」

於是尊者賴吒積羅迴還顧視，白父母曰：「居士！若施食者便以時施，何為相嬈？」

爾時父母即從坐起，自行澡水，以上味餚饌，種種豐饒食噉含消，手自斟酌，極令飽滿。食訖收器，行澡水竟，取一小床，別坐聽法。尊者賴吒積羅為父母說法，勸發渴仰，成就歡喜。無量方便為彼說法，勸發渴仰，成就歡喜已，即從坐起，立說頌曰：

觀此嚴飾形，　珍寶瓔珞等，　右*槃縈其髮，　紺黛畫眉目；
此欺愚癡人，　不誑度彼岸。　以衆好綵色，　莊嚴臭穢身，
此欺愚癡人，　不誑度彼岸。　衆香遍塗體，　雌黃黃其足，
此欺愚癡人，　不誑度彼岸。　身服淨妙衣，　莊嚴猶幻化，
此欺愚癡人，　不誑度彼岸。　斷絕鹿鞚絏，　及破壞鹿門，
我捨離餌去，　誰樂於鹿縛？

尊者賴吒惒羅說此頌已，以如意足乘虛而去，至鍮蘆吒林，入彼林中，於鞞醯勒樹下，敷尼師檀結*跏趺坐。

爾時拘牢婆王及諸群臣前後圍繞，坐於正殿，咨嗟稱歎尊者賴吒

殑羅：「若我聞賴吒殑羅族姓子來此鍮蘆吒者，我必往見。」

於是拘牢婆王告獵師曰：「汝去案行鍮蘆吒林，我欲出獵。」獵師受教，即便案行鍮蘆吒林。

於是獵師案行鍮蘆吒林，見尊者賴吒殑羅在鞞醢勒樹下，敷尼師檀結*跏趺坐，便作是念：「所為拘牢婆王及諸群臣共坐正殿，咨嗟稱歎者，今已在此。」

爾時獵師案行鍮蘆吒林已，還詣拘牢婆王所，白曰：「大王！當知我已*案行鍮蘆吒林，隨大王意。大王本所為與諸群臣共坐正殿，咨嗟稱歎尊者賴吒殑羅：『若我聞賴吒殑羅族姓子來此鍮蘆吒⊙林者，我必往見。』尊者賴吒殑羅族姓子今在鍮蘆吒林中，鞞醢勒樹下，敷尼師檀結加趺坐。大王欲見者，便可往也。」

拘牢婆王聞已，告御者曰：「汝速嚴駕，我今欲往見賴吒恕羅。」

御者受教即速嚴駕，訖還白曰：「大王！當知嚴駕已辦，隨大王意。」

於是拘牢婆王即乘車出，往至鍮蘆吒林，遙見尊者賴吒恕羅，即便下車，步進往至尊者賴吒恕羅所。尊者賴吒恕羅見拘牢婆王來，而作是說：「大王！今來欲自坐耶？」

拘牢婆王曰：「今我雖到自己境界，然我意欲令賴吒恕羅族姓子請我令坐。」

尊者賴吒恕羅即請拘牢婆王曰：「今有別座，大王可坐。」

於是拘牢婆王與尊者賴吒積羅共相問訊，却坐一面，語賴吒積羅：「若為家衰故出家學道耶？若為無財物故行學道者？賴吒積羅！拘牢婆王家多有財物，我出財物與賴吒積羅，勸賴吒積羅捨戒罷道，行欲布施，快修福業。所以者何？賴吒積羅！師教甚難！出家學道亦復甚難！」

尊者賴吒積羅聞已，語曰：「大王！今以不淨請我，非清淨請。」

拘牢婆王聞已，問曰：「我當云何以清淨請賴吒積羅，非以不淨耶？」

尊者賴吒積羅語曰：「大王！應如是語：『賴吒積羅！我國人民安隱快樂，無恐怖，無鬪諍，亦無棘刺，無苦使役，米穀豐饒，乞食易得。賴吒积羅住我國中，我當護如法。』大王！如是以淨請我，非以不淨。」

拘牢婆王聞已，語曰：「我今以淨請賴吒积羅，非以不淨。我國人民安隱快樂，無恐怖，無鬪諍，亦無棘刺，無苦使役，米穀豐饒，乞食易得。賴吒积羅住我國中，我當護如法。

「復次，賴吒积羅！有四種衰，謂衰衰故，剃除鬚髮，著袈裟衣，至信捨家無家學道。云何為四？病衰、老衰、財衰、親衰。

「賴吒积羅！云何病衰？或有一人長病疾患，極重甚苦，彼作是念：『我長病疾患，極重甚苦，我實有欲，不能行欲。我今寧可剃除鬚髮，著袈裟衣，至信捨家無家學道。』彼於後時以病衰故，剃除鬚髮，著袈裟衣，至信捨家無家學道，是為病衰。

「賴吒积羅！云何老衰？或有一人年耆根熟，壽過垂訖，彼作是念：『我年耆根熟，壽過垂訖，我實有欲，不能行欲。我今寧可剃除鬚髮，著袈裟衣，至信捨家無家學道。』彼於後時以老衰故，剃除鬚髮，著袈裟衣，至信捨家無家學道，是謂老衰。

「賴吒积羅！云何財衰？或有一人貧窮無力，彼作是念：『我貧窮無力，我今寧可剃除鬚髮，著袈裟衣，至信捨家無家學道。』彼於後時以財衰故，剃除鬚髮，著袈裟衣，至信捨家無家學道，是謂財衰。

「賴吒积羅！云何親衰？或有一人親里斷種，死亡沒盡，彼作是念：『我親里斷種，死亡沒盡，我今寧可剃除鬚髮，著袈裟衣，至信捨家無家學道。』彼於後時以親衰故，剃除鬚髮，著袈裟衣，至信捨家無家學道，是謂親衰。

「賴吒积羅昔時無病，安隱成就，平等食道，不冷不熱，平正安樂，順次不諍：由是之故，食噉含消，安隱得化。賴吒积羅非以病衰故，剃除鬚髮，著袈裟衣，至信捨家無家學道。賴吒积羅往昔之時，年幼童子髮黑清淨，身體盛壯，爾時作倡伎樂，極以自娛，莊嚴其身，常喜遊戲。彼時親屬皆不欲使令其學道，父母啼泣憂慼懊惱，亦不聽汝出家學道。然汝剃除鬚髮，著袈裟衣，至信捨家無家學道。賴吒积羅不以老衰故，剃鬚髮，著袈裟衣，至信捨家無家學道。賴吒积羅此鍮蘆吒第一家、最大家、最勝家、最上家，謂財物也。賴吒积羅不以財衰故，剃除鬚髮，著袈裟衣，至信捨家無家學道。賴吒𢩬羅此鍮蘆吒林間，大豪親、族親皆存在。賴吒𢩬羅不以親衰故，剃除鬚髮，著袈裟衣，至信捨家無家學道。

「賴吒𢩬羅！此四種衰，或有衰者，剃除鬚髮，著袈裟衣，至信捨家無家學道。我見賴吒𢩬羅都無此衰，可使賴吒𢩬羅剃除鬚髮，著袈裟衣，至信捨家無家學道。賴吒𢩬羅！知見何等，為聞何等，剃除鬚髮，著袈裟衣，至信捨家無家學道？」

尊者賴吒𢩬羅答曰：「大王！世尊知見如來、無所著、等正覺為說四事。我欲忍樂是，我知見聞是，是故剃除鬚髮，著袈裟衣，至信捨家無家學道。云何為四？大王！此世無護，無可依恃。此世一切，趣向老法。此世非常，要當捨去。此世無滿，無有厭足，為愛走使。」

拘牢婆王問曰：「賴吒和羅！向之所說：『大王！此世無護，無可依恃。』賴吒和羅！我有兒孫、兄弟、枝黨、象軍、車軍、馬軍、步軍，皆能射御，嚴毅勇猛；王子力士鉢邏鶩提摩訶能伽，有占相、有策慮、有計算、有善知書、有善談論；有君臣、有眷屬，持呪知呪，彼隨諸方有恐怖者能制止之。若賴吒和羅所說：『大王！此世無護，無可依恃。』賴吒和羅向所說，此有何義耶？」

尊者賴吒和羅答曰：「大王！我今問王，隨所解答。大王！此身頗有病耶？」

拘牢婆王答曰：「賴吒和羅！今我此身常有風病。」

尊者賴吒𢦏羅問曰：「大王！風病發時，生極重甚苦者，大王！爾時可得語彼兒孫、兄弟、象軍、馬車、車軍、步軍，皆能射御，嚴毅勇猛；王子力士*鉢邏鶱提摩訶能伽，占相、策慮、計算、知書、善能談論，君臣、眷屬持呪知呪：汝等共來暫代我受極重甚苦，令我無病得安樂耶？」

拘牢婆王答曰：「不也，所以者何？我自作業，因業緣業，獨受極苦，甚重苦也。」

尊者賴吒𢦏羅語曰：「大王！以是故，世尊說：『此世無護，無可依恃。』我欲忍樂是，我知見聞是，是故剃除鬚髮，著袈裟衣，至信捨家無家學道。」

拘牢婆王語曰：「若賴吒惒羅所說：『大王！此世無護，無可依恃。』賴吒惒羅！我亦欲是，忍樂於是，所以者何？此世真實無護，無可依恃。」

拘牢婆王復問曰：「若賴吒惒羅所說：『大王！此世一切，趣向老法。』賴吒惒羅向所說，此復有何義？」

尊者賴吒惒羅答曰：「大王！我今問王，隨所解答。若大王年或二十四、或二十五者，於意云何？爾時速疾何如於今？爾時筋力、形體、顏色何如於今？」

拘牢婆王答曰：「賴吒惒羅！若我時年或二十四、或二十五，自憶爾時速疾、筋力、形體、顏色無勝我者。賴吒惒羅！我今極老，諸根衰熟，壽過垂訖，年滿八十，不復能起。」

尊者賴吒积羅語曰：「大王！以是故，世尊說：『此世一切，趣向老法。』我欲忍樂是，我知見聞是，是故剃除鬚髮，著袈裟衣，至信捨家無家學道。」

拘牢婆王語曰：「若賴吒积羅所說：『大王！此世一切，趣向老法。』我亦欲是，忍樂於是，所以者何？此世真實一切趣向老法。」

拘牢婆王復問曰：「若賴吒积羅所說：『大王！此世無常，要當捨去。』賴吒积羅向所說，此復有何義？」

尊者賴吒积羅語曰：「大王！我今問王，隨所解答。大王有豐拘樓國及豐後宮、豐倉庫耶？」

拘牢婆王答曰：「如是。」

尊者賴吒积羅復問曰：「大王有豐拘樓國及豐後宮、豐倉庫者，若時有法來不可依，忍樂破壞，一切世無不歸死者，爾時豐拘樓國及豐後宮、豐倉庫者，可得從此世持至後世耶？」

拘牢婆王答曰：「不也，所以者何？我獨無二，亦無伴侶，從此世至後世也。」

尊者賴吒积羅語曰：「大王！以是故，世尊說：『此世無常，要當捨去。』我欲忍樂是，我知見聞是，是故剃除鬚髮，著袈裟衣，至信捨家無家、學道。」

拘牢婆王語曰：「若賴吒积羅所說：大王！此世無常，要當捨去者，我亦欲是，忍樂於是。所以者何？此世真實無常，要當捨去。」

拘牢婆王復問曰：「若賴吒积羅所說：『大王！此世無滿，無有厭足，為愛走使。』賴吒积羅向所說，此復有何義？」

尊者賴吒积羅答曰：「大王！我今問王，隨所解答。大王有豐拘樓國及豐後宮、豐倉庫耶？」

拘牢婆王答曰：「如是。」

尊者賴吒积羅復問曰：「大王有豐拘樓國及豐後宮、豐倉庫者，若於東方有一人來，可信可任，不欺誑世，來語王言：『我從東方來，見彼國土極大富樂，多有人民。』大王可得彼國爾所財物、人民、力役，欲得彼國整御之耶？」

拘牢婆王答曰：「賴吒惒羅！若我知有如是豐國，爾所財物、人民、力役，得彼人民整御治者，我必取之。」

「如是南方、西方、北方，從大海岸若有人來，可信可任，不欺誑世，來語王言：『我從大海彼岸來，見彼國土極大富樂，多有人民。』大王可得彼國爾所財物、人民、力役，欲得彼國整御之耶？」

拘牢婆王答曰：「賴吒惒羅！若我知有如是豐國，爾所財物、人民、力役，得彼人民整御治者，我必取之。」

尊者賴吒惒羅語曰：「大王！以是故，世尊說：『此世無滿，無有厭足，為愛走使。』我欲忍樂是，我知見聞是，是故剃除鬚髮，著袈裟衣，至信捨家無家學道。」

拘牢婆王語曰：「若賴吒惒羅所說：『大王！此世無滿，無有厭足，為愛走使。』我亦欲是，忍樂於是。所以者何？此世真實無滿，無有厭足，為愛走使。」

尊者賴吒惒羅語曰：「大王！世尊知見如來、無所著、等正覺，為我說此四事。我*欲忍樂是，我知見聞是，是故剃除鬚髮，著袈裟衣，至信捨家無家學道。」

於是尊者賴吒惒羅說此頌曰：

我見世間人，　有財癡不施，　得財復更求，　慳貪積聚物。
王者得天下，　整御隨其力，　海內無厭足，　復求於海外。
王及諸人民，　未離欲命盡，　散髮妻子哭，　嗚呼苦難伏。

衣被而埋藏，　或積薪火燒，　緣行至後世，　燒已無慧念。
死後財不隨，　妻子及奴婢，　貨富俱共同，　愚智亦復然。
智者不懷憂，　唯愚抱悒慼，　是故智慧勝，　逮得正覺道。
深著於有有，　愚癡作惡行，　於法非法行，　以力強奪他。
少智習劾他，　愚多作惡行，　趣胎至後世，　數數受生死。
已受出生世，　獨作衆惡事，　如賊他所縛，　自作惡所害。
如是此衆生，　至到於後世，　為己所作業，　自作惡所害。
如果熟自墮，　老少亦如斯，　欲莊美愛樂，　心趣好惡色。
為欲所縛害，　因欲恐怖生，　王我見此覺，　知是沙門妙。

尊者賴吒和羅所說如是，拘牢婆王聞尊者賴吒和羅所說，歡喜奉行。

賴吒和羅經第十六竟六千七百七十七字

中阿含經卷第三十一　第三念誦

中阿含經卷第三十二

東晉罽賓三藏瞿曇僧伽提婆譯

（一三三）大品優婆離經第十七第三念誦

我聞如是：一時，佛遊那難陀，在波婆離㮈林。

爾時長苦行尼揵，中後彷*徉，往詣佛所，共相問訊，却坐一面。於是世尊問曰：「苦行！尼揵親子施設幾行，令不行惡業，不作惡業？」

長苦行尼揵答曰：「瞿曇！我尊師尼揵親子不為我等施設於行，令不行惡業，不作惡業；但為我等施設於罰，令不行惡業，不作惡業。」

世尊又復問曰：「苦行！尼揵親子施設幾罰，令不行惡業，不作惡業？」

長苦行尼揵答曰：「瞿曇！我尊師尼揵親子為我等輩施設三罰，令不行惡業，不作惡業。云何為三？身罰、口罰及意罰也。」

世尊又復問曰：「苦行！云何身罰異、口罰異、意罰異耶？」

長苦行尼揵答曰：「瞿曇！我等身罰異、口罰異、意罰異也。」

世尊又復問曰：「苦行！此罰如是相似，尼揵親子施設何罰為最重，令不行惡，不作惡業，為身罰、口罰？為意罰耶？」

長苦行尼揵答曰：「瞿曇！此三罰如是相似，我尊師尼揵親子施設身罰為最重，令不行惡所，不作惡業。口罰不然，意罰最下，不及身罰極大甚重。」

世尊又復問曰：「苦行！汝說身罰為最重耶？」

長苦行尼揵答曰：「瞿曇！身罰最重。」

世尊復再三問曰：「苦行！汝說身罰為最重耶？」

長苦行尼揵亦再三答曰：「瞿曇！身罰最重。」

於是世尊再三審定長苦行尼揵如此事已，便默然住。

長苦行尼揵問曰：「沙門瞿曇施設幾罰，令不行惡業，不作惡業？」

爾時世尊答曰：「苦行！我不施設罰，令不行惡業，不作惡業；

我但施設業，令不行惡業，不作惡業。」

長苦行尼揵問曰：「瞿曇施設幾業，令不行惡業，不作惡業？」

世尊又復答曰：「苦行！我施設三業，令不行惡業，不作惡業。云何為三？身業、口業及意業也。」

⊙長苦行尼揵問曰：「瞿曇！身業異、口業異、意業異耶？」

世尊又復答曰：「苦行！我身業異、口業異、意業異也。」

長苦行尼揵問曰：「瞿曇！此三業如是相似，施設何業為最重，令不行惡業，不作惡業？為身業、口業？為意業耶？」

世尊又復答曰：「苦行！此三業如是相似，我施設意業為最重，令不行惡業，不作惡業。身業、口業則不然也。」

長苦行尼揵問曰：「瞿曇施設意業為最重耶？」

世尊又復答曰：「苦行！我施設意業為最重也。」

長苦行尼揵復再三問曰：「瞿曇！施設意業為最重耶？」

世尊亦再三答曰：「苦行！我施設意業為最重也。」

於是長苦行尼揵再三審定世尊如此事已，即從座起，繞世尊三匝而退還去，往詣尼揵親子所。

尼揵親子遙見長苦行尼揵來，即*便問曰：「苦行！從何處來？」

長苦行尼揵答曰：「尊！我從那難陀波婆離㮈林沙門瞿曇處來。」

尼揵親子問曰：「苦行！頗共沙門瞿曇有所論耶？」

長苦行尼揵答曰：「共論。」

尼揵親子告曰：「苦行！若共沙門瞿曇有所論者，盡為我說，我或能知彼之所論。」

於是長苦行尼揵共世尊有所論者盡向彼說，尼揵親子聞便歎曰：「善哉！苦行！謂汝於師行弟子法，所作智辯聰明決定，安隱無畏成就調御，逮大辯才得甘露幢，於甘露界自作證成就遊。所以者何？謂汝向沙門瞿曇施設身罰為最重，令不行惡業，不作惡業。口罰不然，意罰最下，不及身罰極大甚重。」

是時優婆離居士與五百居士俱集在衆中，叉手向尼揵親子。於是優婆離居士語長苦行尼揵曰：「尊已再三審定沙門瞿曇如此事耶？」長苦行尼揵答曰：「居士！我已再三審定沙門瞿曇如此事也。」

優婆離居士語長苦行尼揵曰：「我亦能至再三審定沙門瞿曇如此事已，隨所牽挽。猶如力士執長髦羊，隨所牽挽；我亦如是，能至再三審定沙門瞿曇如此事已，隨所牽挽。猶如力士手執髦裘，抖擻去塵；我亦如是，能至再三審定沙門瞿曇如此事已，隨所牽挽。猶如沽酒師、沽酒弟子取漉酒囊，著深水中隨意所欲，隨所牽挽；我亦如是，能至再三審定沙門瞿曇如此事已，隨所牽挽。猶龍象王年滿六十，而以憍傲摩訶能加，牙足體具筋力熾盛，力士將去以水洗髀、洗脊、洗脇、洗腹、洗牙、洗頭及水中戲；我亦如是，能至再三審定沙門瞿曇如此事已，隨其所洗。我往詣沙門瞿曇所，共彼談論，降伏已還。」

尼揵親子語優婆離居士曰：「我亦可伏沙門瞿曇，汝亦可也，長苦行尼揵亦可也。」

於是長苦行尼揵白尼揵親子曰：「我不欲令優婆離居士往詣沙門瞿曇所。所以者何？沙門瞿曇知幻化呪，能呪化作弟子，比丘、比丘尼、優婆塞、優婆私，恐優婆離居士受沙門瞿曇化，化作弟子。」

尼揵親子語曰：「苦行！若優婆離居士受沙門瞿曇化作弟子者，終無是處。若沙門瞿曇受優婆離居士化作弟子者，必有是處。」

優婆離居士再三白尼揵親子曰：「我今往詣沙門瞿曇所，共彼談論，降伏已還。」

尼揵親子亦再三答曰：「汝可速往，我亦可伏沙門瞿曇，汝亦可也，長苦行尼揵亦可也。」

長苦行尼揵復再三白曰：「我不欲令優婆離居士往詣沙門瞿曇所。所以者何？沙門瞿曇知幻化呪，能呪化作弟子，比丘、比丘尼、優婆塞、優婆私，恐優婆離居士受沙門瞿曇化，化作弟子。」

尼揵親子語曰：「苦行！若優婆離居士受沙門瞿曇化作弟子者，終無是處。若沙門瞿曇受優婆離居士化作弟子者，必有是處。優婆離居士！汝去隨意！」

於是優婆離居士稽首尼揵親子足，⊙繞三匝而去，往詣佛所，共相問訊，却坐一面，問曰：「瞿曇！今日長苦行尼揵來至此耶？」

世尊答曰：「來也，居士！」

優婆離居士問曰：「瞿曇！頗共長苦行尼揵有所論耶？」

世尊答曰：「有所論也。」

優婆離居士語曰：「瞿曇！若共長苦行尼揵有所論者，盡為我說，若我聞已或能知之。」

於是世尊共長苦行尼揵有所論者，盡向彼說。爾時優婆離居士聞便歎曰：「善哉！苦行！謂於尊師行弟子法，所作智辯聰明決定，安隱無畏成就調御，逮大辯才得甘露幢，於甘露界自作證成就遊。所以者何？謂向沙門瞿曇施設身罰最重，令不行惡業，不作惡業。口罰不然，意罰最下，不及身罰極大甚重。」

彼時世尊告曰：「居士！我欲與汝共論此事，汝若住真諦者，以真諦答。」

優婆離居士報曰：「瞿曇！我住真諦，以真諦答。沙門瞿曇！但當與我共論此事。」

世尊問曰：「居士！於意云何？若有尼揵來，好喜於布施，樂行於布施，無戲、樂不戲，為極清淨、極行呪也。若彼行來時，多殺大小蟲，云何？居士！尼揵親子於此殺生施設報耶？」

優婆離居士答曰：「瞿曇！若思者有大罪，若無思者無大罪也。」

世尊問曰：「居士！汝說思為何等耶？」

優婆離居士答曰：「瞿曇！意業是也。」

世尊告曰：「居士！汝當思量而後答也，汝之所說，前與後違，後與前違，則不相應。居士！汝在此眾自說：『瞿曇！我住真諦，以真諦答。沙門瞿曇！但當與我共論此事。』」

「居士！於意云何？若有尼揵來飲湯斷冷水，彼無湯時便欲飲冷水，不得冷水彼便命終。居士！尼揵親子云何可說彼尼揵所生耶？」

優婆離居士答曰：「瞿曇！有天名意著，彼尼揵命終，若意著死者，必生彼處。」

世尊告曰：「居士！汝當思量而後答也，汝之所說，前與後違，後與前違，則不相應。汝在此衆自說：『瞿曇！我住真諦，以真諦答。沙門瞿曇！但當與我共論此事。』」

「居士！於意云何？若使有人持利刀來，彼作是說：『我於此那難陀內一切衆生，於一日中斫剉斬截、剝裂削割，作一肉聚，作一肉積。』居士！於意云何？彼人寧能於此那難陀內一切衆生，於一日中斫剉斬截、剝裂削割，作一肉聚，作一肉積耶？」

優婆離居士答曰：「不也。所以者何？此那難陀內極大富樂，多有人民，是故彼人於此那難陀內一切衆生，必不能得於一日中斫剉斬截、剝裂削割，作一肉聚，作一肉積。瞿曇！彼人唐大煩勞。」

「居士！於意云何？若有沙門、梵志來，有大如意足，有大威德，有大福祐，有大威神，心得自在。彼作是說：『我以發一瞋念，令此一切那難陀內燒使成灰。』居士！於意云何？彼沙門、梵志寧能令此一切那難陀內燒成灰耶？」

優婆離居士答曰：「瞿曇！何但一那難陀？何但二、三、四？瞿曇！彼沙門、梵志有大如意足，有大威德，有大福祐，有大威神，心得自在，若發一瞋念，能令一切國一切人民燒使成灰，況一那難陀耶？」

世尊告曰：「居士！汝當思量而後答也，汝之所說，前與後違，後與前違，則不相應。汝在此眾自說：『瞿曇！我住真諦，以真諦答。沙門瞿曇！但當與我共論此事。』」

世尊問曰：「居士！汝頗曾聞大澤無事、麒麟無事、麋鹿無事、靜寂無事、空野無事、無事即無事耶？」

優婆離居士答曰：「瞿曇！我聞有也。」

「居士！於意云何？彼為誰大澤無事、麒麟無事、麋鹿無事、靜寂無事、空野無事、無事即無事耶？」

優婆離居士默然不答。世尊告曰：「居士速答！居士速答！今非默然時。居士在此眾自說：『瞿曇！我住真諦，以真諦答。沙門瞿曇！但當與我共論此事。』」

於是優婆離居士須臾默然已，語曰：「瞿曇！我不默然，我但思惟於此義耳！瞿曇！彼愚癡尼揵不善曉了，不能解知，不識良田，而不自審，長夜欺我，為彼所誤，謂向沙門瞿曇施設身罰最重，令不行惡業，不作惡業，口罰、意罰而不如也。如我從沙門瞿曇所說知義，仙人發一瞋念，能令大澤無事、麒麟無事、麋鹿無事、寂靜無事、空野無事、無事即無事。世尊！我已知。善逝！我已解。我今自歸於佛、法及比丘眾，唯願世尊受我為優婆塞！從今日始，終身自歸，乃至命盡。」

世尊告曰：「居士！汝默然行，勿得宣言，如是勝人默然為善。」

優婆離居士白曰：「世尊！我以是故，復於世尊重加歡喜。所以者何？謂世尊作如是說：『居士！汝默然行，勿得宣言，如是勝人默然為善。』世尊！若我更為餘沙門、梵志作弟子者，彼等便當持幢幡蓋，遍行宣令於那難陀，作如是說：『優婆離居士為我作弟子！優婆離居士為我作弟子！』然世尊作是說：『居士！汝默然行，勿得宣言，如是勝人默然為善。』」

優婆離居士白曰：「世尊！從今日始，不聽諸尼揵入我家門，唯聽世尊四衆弟子比丘、比丘尼、優婆塞、優婆私入。」

世尊告曰：「居士！彼尼揵等，汝家長夜所共尊敬，若其來者，汝當隨力供養於彼。」

優婆離白曰：「世尊！我以是故，復於世尊倍加歡喜。所以者何？謂世尊作如是說：『居士！彼尼揵等，汝家長夜所共尊敬，若其來者，汝當隨力供養於彼。』世尊！我本聞世尊作如是說：『當施與我，莫施與他；當施與我弟子，莫施與他弟子。若施與我者，當得大福，莫施與他，不得大福。施與我弟子，當得大福；施與他弟子，不得大福。』」

世尊告曰：「居士！我不如是說：『當施與我，莫施與他；施與我弟子，莫施與他弟子。若施與我者，當得大福；若施與他，不得大福。施與我弟子，當得大福；若施與他弟子，不得大福。』居士！我說如是：『施與一切隨心歡喜。但施與不精進者，不得大福；施與精進者，當得大福。』」

優婆離居士白曰：「世尊！願無為也。我自知施與尼揵、不施與尼揵。世尊！我今再自歸佛、法及比丘衆，唯願世尊受我為優婆塞！從今日始，終身自歸，乃至命盡。」

於是世尊為優婆離居士說法，勸發渴仰，成就歡喜。無量方便為彼說法，勸發渴仰，成就歡喜已，如諸佛法，先說端正法，聞者歡悅，謂說施、說戒、說生天法，毀呰欲為災患，生死為穢，稱歎無欲為妙，道品白淨。世尊為彼說如是法已，佛知彼有歡喜心、具足心、柔軟心、堪耐心、昇上心、一向心、無疑心、無蓋心，有能有力，堪受正法，謂如諸佛所說正要。世尊便為彼說苦、習、滅、道，優婆離居士即於坐中見四聖諦：苦、習、滅、道。猶如白素，易染為色；如是優婆離居士即於坐中見四聖諦：苦、習、滅、道。

於是優婆離居士見法得法，覺白淨法，斷疑度惑，更無餘尊，不復從他，無有猶豫，已住果證，於世尊法得無所畏。即從坐起，為佛作禮：「世尊！我今三自歸佛、法及比丘衆，唯願世尊受我為優婆塞！從今日始，終身自歸，乃至命盡。」

於是優婆離居士聞佛所說，善受善持，稽首佛足，繞三匝而歸，勅守門者：「汝等當知，我今則為世尊弟子。從今日始，諸尼揵來莫聽入門，唯聽世尊四衆弟子比丘、比丘尼、優婆塞、優婆私入。若尼揵來者，當語彼言：『尊者！優婆離居士今受佛化，化作弟子，則不聽諸尼揵入門，唯聽世尊四衆弟子比丘、比丘尼、優婆塞、優婆私入。若須食者，便可住此，當出食與。』」

於是長苦行尼揵聞優婆離居士受沙門瞿曇化，化作弟子，則不聽諸尼揵入門，唯聽沙門瞿曇弟子比丘、比丘尼、優婆塞、優婆私入。長苦行尼揵聞已，往詣尼揵親子所，白曰：「尊！此是我本所說。」

尼揵親子問曰：「苦行！何者是汝本所說耶？」

長苦行尼揵答曰：「尊！我本所說，不欲令優婆離居士往詣沙門瞿曇所。所以者何？沙門瞿曇知幻化呪，能呪化作弟子比丘、比丘尼、優婆塞、優婆私，恐優婆離居士受沙門瞿曇化，化作弟子。尊！優婆離居士今已受沙門瞿曇化，化作弟子已，不聽諸尼揵入門，唯聽沙門瞿曇弟子比丘、比丘尼、優婆塞、優婆私入。」

尼揵親子語曰：「苦行！若優婆離居士受沙門瞿曇化作弟子者，終無是處。若沙門瞿曇受優婆離居士化作弟子者，必有是處。」

長苦行尼揵復白曰：「尊若不信我所說者，尊自可往，亦可遣使。」

於是尼揵親子告曰：「苦行！汝可自往，詣彼看之，為優婆離居士受沙門瞿曇化作弟子耶？為沙門瞿曇受優婆離居士化作弟子耶？」

長苦行尼揵受尼揵親子教已，往詣優婆離居士家。守門人遙見長苦行尼揵來，而作是說：「尊者！優婆離居士今受佛化，化作弟子，則不聽諸尼揵入門，唯聽世尊四衆弟子比丘、比丘尼、優婆塞、優婆私入。若欲得食者，便可住此，當出食與。」

長苦行尼揵語曰：「守門人！我不用食。」

長苦行尼揵知此事已，奮頭而去，往詣尼揵親子所，白曰：「尊！此是如我本所說。」

尼揵親子問曰：「苦行！何者是汝本所說耶？」

長苦行尼揵答曰：「尊！我本所說，不欲令優婆離居士往詣沙門瞿曇所。所以者何？沙門瞿曇知幻化呪，能呪化作弟子，比丘、比丘尼、優婆塞、優婆私，恐優婆離居士受沙門瞿曇化，化作弟子。尊！優婆離居士今已受沙門瞿曇化，化作弟子已，不聽諸尼揵入門，唯聽沙門瞿曇弟子比丘、比丘尼、優婆塞、優婆私入。」

尼揵親子告曰：「苦行！若優婆離居士受沙門瞿曇化作弟子者，終無是處。若沙門瞿曇受優婆離居士化作弟子者，必有是處。」

長苦行尼揵白曰：「尊若不信我所說者，願尊自往！」

於是尼揵親子與大尼揵衆五百人俱，往詣優婆離居士家。守門人遙見尼揵親子與大尼揵衆五百人俱來，而作是說：「尊者！優婆離居士今受佛化，化作弟子，則不聽諸尼揵入門，唯聽世尊四衆弟子比丘、比丘尼、優婆塞、優婆私入。若欲得食者，便可住此，當出食與。」

尼揵親子語曰：「守門人！我不用食，但欲得見優婆離居士。」

守門人語曰：「願尊住此，我今入白尊者優婆離居士。」

彼守門人即入白曰：「居士！當知尼揵親子與大尼揵衆五百人俱住在門外，作如是語：『我欲得見優婆離居士。』」

優婆離居士告守門人：「汝至中門，敷設床座，訖還白我。」

守門人受教，往至中門，敷設床座，訖還白曰：「居士！當知敷床已訖，唯願居士自當知時！」

優婆離居士將守門人往至中門，若有床座極高廣大，極淨好敷，謂優婆離居士本抱尼揵親子所令坐者。優婆離居士自處其上，結*跏趺坐，告守門人：「汝出往至尼揵親子所，作如是語：『尊人！優婆離居士言：尊人欲入者，自可隨意。』」

彼守門人受教即出，至尼揵親子所，作如是語：「尊人！優婆離居士言：尊人欲入者，自可隨意。」

於是尼揵親子與大尼揵衆五百人，俱入至中門。優婆離居士遙見尼揵親子與大尼揵衆五百人俱入，而作是語：「尊人！有座，欲坐隨意！」

尼揵親子語曰：「居士！汝應爾耶？自上高座，結*跏趺坐與人共語，如出家者學道無異？」

優婆離居士語曰：「尊人！我自有物，欲與便與，不與便不與。此座我有，是故我言：『有座，欲坐隨意。』」

尼揵親子敷座而坐，語曰：「居士！何以故爾？欲降伏沙門瞿曇而反自降伏來？猶如有人求眼入林，而失眼還；如是居士欲往降伏沙門瞿曇，反為沙門瞿曇所降伏來。猶如有人以渴入池，而反渴還；居士亦然，欲往降伏沙門瞿曇，而反自降伏還。居士！何以故爾？」

優婆離居士語曰：「尊人！聽我說喻，慧者聞喻則解其義。尊人！譬一梵志有年*少婦，彼婦懷妊語其夫曰：『我今懷妊，君去至市，可為兒買好戲具來。』時彼梵志語其婦曰：『但令卿得安隱產已，何憂無耶？若生男者，當為卿買男戲具來；若生女者，亦當為買女戲具來。』婦至再三語其夫曰：『我今懷妊，君去至市，速為兒買好戲具來。』梵志亦至再三語其婦曰：『但令卿得安隱產已，何憂無耶？若生男者，當為卿買男戲具來；若生女者，亦當為買女戲具來。』

「彼梵志者極憐念婦，即便問曰：『卿欲為兒買何戲具？』婦報之曰：『君去為兒買獼猴子好戲具來。』梵志聞已，往至市中買獼猴子戲具，持還語其婦曰：『我已為兒買獼猴子戲具來還。』其婦見已，嫌色不好，即語夫曰：『君可持此獼猴戲具往至染家，染作黃色，令極可愛，擣使光生。』梵志聞已，即時持此獼猴戲具，往至染家而語之曰：『為我染此獼猴戲具作好黃色，令極可愛，擣使光生。』爾時染家便語梵志：『獼猴戲具染作黃色，令極可愛，此可爾也，然不可擣使光澤生。』於是染家說此頌曰：

獼猴忍受色，　不能堪忍擣，　若擣則命終，　終不可椎打，
此是臭穢囊，　獼猴滿不淨。

「尊人！當知尼揵所說亦復如是，不能堪忍受他難問，亦不可得

思惟觀察，唯但染愚，不染慧也。

「尊人！復聽猶如清淨波羅㮈衣，主持往至於彼染家，而語之曰：『為染此衣作極好色，令可愛也；亦為極擣，使光澤生。』彼時染家語衣主曰：『此衣可染作極好色，令可愛也；亦可極擣，使光澤生。』於是染家說此頌曰：

如波羅㮈衣，　白淨忍受色，　擣已則柔軟，　光色增益好。

「尊人！當知諸如來、無所著、等正覺所說亦復如是，極能堪忍受他難問，亦快可得思惟觀察，唯但染慧，不染愚也。」

尼揵親子語曰：「居士為沙門瞿曇幻呪所化。」

優婆離居士語曰：「尊人！善幻化呪，極善幻化呪。尊人！彼幻化呪令我父母長夜得利饒益，安隱快樂；及其妻子、奴婢、作使、那難陀國王，及一切世間天及魔、梵、沙門、梵志，從人至天令彼長夜得利饒益，安隱快樂。」

尼揵親子語曰：「居士！舉那難陀知優婆離居士是尼揵弟子，今者竟為誰弟子耶？」

於是優婆離居士即從座起，右膝著地，若方有佛，叉手向彼語曰：「尊人！聽我所說也：

雄猛離愚癡，斷穢整降伏，無敵微妙思，學戒禪智慧，
安隱無有垢，佛弟子婆離。大聖修習已，得德說自在，
善念妙正觀，不高亦不下，不動常自在，佛弟子婆離。

無曲常知足，　捨離慳得滿，　作沙門成覺，　後身尊大士，
無比無有塵，　佛弟子婆離。　無疾不可量，　甚深得牟尼，
常安隱勇猛，　住法微妙思，　調御常不戲，　佛弟子婆離。
大龍樂住高，　結盡得解脫，　應辯才清淨，　慧生離憂慼，
不還有釋迦，　佛弟子婆離。　正*法禪思惟，　無有嬈清淨，
常笑無有恚，　樂離得第一，　無畏常專精，　佛弟子婆離。
七仙無與等，　三達逮得梵，　淨浴如明燈，　得息止怨結，
勇猛極清淨，　佛弟子婆離。　得息慧如地，　大慧除世貪，
可祠無上眼，　上士無與等，　御者無有恚，　佛弟子婆離。
斷望無上善，　善調無比御，　無上常歡喜，　無疑有光明，

斷慢無上覺，　佛弟子婆離。　斷愛無比覺，　無烟無有[火*僉]，
如去為善逝，　無比無與等，　名稱已逮正，　佛弟子婆離。
此是百*歎佛，　本未曾思惟，　優婆離所說，　諸天來至彼。
善助加諸辯，　如法如其人，　尼揵親子問，　佛十力弟子。」

尼揵親子問曰：「居士！汝以何意稱歎沙門瞿曇耶？」

優婆離居士報曰：「尊人！聽我說喻，慧者聞喻則解其義。猶善鬘師、鬘師弟子採種種華，以長綖結作種種鬘。如是，尊人！如來、無所著、等正覺有無量稱歎，我之所尊，以故稱歎。」

說此法時，優婆離居士遠塵離垢，諸法法眼生。尼揵親子即吐熱血，至波和國，以此惡患尋便命終。

佛說如是，優婆離居士聞佛所說，歡喜奉行。

優婆離經第十七竟六千二百六十三字

中阿含經卷第三十二

中阿含經卷第三十三

東晉罽賓三藏瞿曇僧伽提婆譯

（一三四）大品釋問經第十八第三念誦

我聞如是：一時，佛遊摩竭陀國，在王舍城東、㮈林村北、鞞陀提山因陀羅石室。

爾時天王釋聞佛遊摩竭陀國，在王舍城東、㮈林村北、鞞陀提山因陀羅石室。時天王釋告五結樂子：「我聞世尊遊摩竭陀國，在王舍城東、㮈林村北、鞞陀提山因陀羅石室。五結！汝來共往見佛。」

五結樂子白曰：「唯然。」

於是五結樂子挾琉璃琴從天王釋行。三十三天聞天王釋其意至重，欲往見佛，三十三天亦復侍從天王釋行。於是天王釋及三十三天、五結樂子，猶如力士屈伸臂頃，於三十三天忽沒不現已，住摩竭陀國王舍城東、㮈林村北、鞞陀提山，去石室不遠。

爾時鞞陀提山光耀極照，明如火熖。彼山左右居民見之，便作是念：「鞞陀提山火燒普然。」

時天王釋住一處已，告曰：「五結！世尊如是住無事處山林樹下，樂居高巖寂無音聲，遠離、無惡，無有人民，隨順燕坐，有大威德。諸天共俱，樂彼遠離，燕坐安隱，快樂遊行。我等未通，不應便前。五結！汝往先通，我等然後當進。」

五結樂子白曰：「唯然。」

於是五結樂子受天王釋教已，挾琉璃琴即先往至因陀羅石室，便作是念：「知此處離佛不近不遠，令佛知我，聞我音聲。」住彼處已，調琉璃琴，作欲相應偈、龍相應偈、沙門相應偈、阿羅訶相應偈，而歌頌曰：

賢禮汝父母，　月及耽浮樓，　謂生汝殊妙，　令我發歡心。
煩熱求涼風，　渴欲飲冷水，　如是我愛汝，　猶羅訶愛法。
如收水甚難，　著欲亦復然，　無量生共會，　如施與無著。

池水清且涼，底有金粟沙，如龍象熱逼，入此池水浴。
猶如鉤牽象，我意為汝伏，所行汝不覺，窈窕未得汝。
我意極著汝，煩寃燒我心，是故我不樂，如人入虎口。
如釋子思禪，常樂在於一，如牟尼得覺，得汝妙淨然。
如牟尼所樂，無上正盡覺，如是我所樂，常求欲得汝。
如病欲得藥，如飲欲得食，賢汝止我心，猶如水滅火。
若我所作福，供養諸無著，彼是悉淨妙，我共汝受報。
願我共汝終，不離汝獨*活，我寧共汝死，不用相離生。
釋為與我願，三十三天尊，汝人無上尊，是我願最堅。
是故禮大雄，稽首人最上，斷絕諸愛刺，我禮日之親。

於是世尊從三昧起，讚歎五結樂子曰：「善哉！善哉！五結！汝歌音與琴聲相應，琴聲與歌音相應；歌音不出琴聲外，琴聲不出歌音外。五結！汝頗憶昔時歌頌此欲相應偈、龍相應偈、沙門相應偈、阿羅訶相應偈耶？」

五結樂子白曰：「世尊！唯大仙人自當知之。大仙人！昔時世尊初得覺道，遊欝鞞羅尼連禪河岸、阿闍惒羅尼拘類樹下。爾時躭浮樓樂王女，名賢月色。有天名結，摩兜麗御車子，求欲彼女。大仙人！彼當求欲於彼女時，我亦復求欲得彼女。然，大仙人！求彼女時竟不能得，我於爾時住彼女後，便歌頌此欲相應偈、龍相應偈、沙門相應偈、阿羅訶相應偈。大仙人！我歌頌此偈時，彼女迴顧，怡然含笑而語我曰：『五結！我未曾見彼佛世尊，然我已從三十三天聞彼世尊、如來、無所著、等正覺、明行成為、善逝、世間解、無上士、道法御、天人師、號佛、衆祐。五結！若汝能數稱歎世尊者，可與汝共事大仙人。』我唯一共會，自後不復見。」

於是天王釋而作是念：「五結樂子已令世尊從定覺起已，通我於善逝。」

彼時天王釋告曰：「五結！汝即往彼，為我稽首佛足，問訊世尊：聖體康強，安快無病，起居輕便，氣力如常耶？作如是語：『大仙人！天王釋稽首佛足，問訊世尊：聖體康強，安快無病，起居輕便，氣力如常耶？大仙人！天王釋及三十三天欲見世尊。』」

五結樂子白曰：「唯然。」

於是五結樂子捨琉璃琴，叉手向佛白曰：「世尊！唯大仙人！天王釋稽首佛足，問訊世尊：聖體康強，安快無病，起居輕便，氣力如常耶？大仙人！天王釋及三十三天欲見世尊。」

爾時世尊告曰：「五結！今天王釋安隱快樂，及諸天、人、阿修羅、揵沓和、羅刹及餘種種身安隱快樂。五結！天王釋欲見我者，隨其所欲。」

於是五結樂子聞佛所說，善受善持，稽首佛足，遶三匝而去，往詣天王釋所，白曰：「天王！我已為白世尊，世尊今待天王，唯願天王自當知時！」

於是天王釋及三十三天、五結樂子往詣佛所，時天王釋稽首佛足，再三自稱名姓言：「唯，大仙人！我是天王釋，我是天王釋。」

世尊告曰：「如是！如是！拘翼！汝是天王釋。」

時天王釋再三自稱名姓，稽首佛足，却住一面。三十三天及五結樂子亦稽首佛足，却住一面。

時天王釋白曰：「唯，大仙人！我去世尊近遠坐耶？」

世尊告曰：「汝近我坐。所以者何？汝有大天眷屬。」

於是天王釋稽首佛足，却坐一面。三十三天及五結樂子亦稽首佛足，却坐一面。爾時因陀羅石室忽然廣大。所以者何？佛之威神及諸天威德。

時天王釋坐已，白曰：「唯，大仙人！我於長夜欲見世尊，欲請問法。大仙人！往昔一時世尊遊舍衛國，住石巖中。大仙人！我爾時自為及為三十三天，乘千象車，往至鞞沙門大王家。爾時鞞沙門大王家有妾，名槃闍那。爾時世尊入定寂然，彼妾叉手禮世尊足。大仙人！我語彼曰：『妹！我今非往見世尊時，世尊入定。若世尊從定寤者，妹便為我稽首佛足，問訊世尊：聖體康強，安快無病，起居輕便，氣力如常耶？作如是說：「唯，大仙人！天王釋稽首佛足，問訊世尊：聖體康強，安快無病，起居輕便，氣力如常耶？」』大仙人！彼妹為我稽首佛足，問訊世尊，世尊為憶不耶？」

世尊告曰：「拘翼！彼妹為汝稽首我足，具宣汝意，問訊於我，我亦憶。拘翼！當汝去時，聞此音聲，便從定寤。」

「大仙人！昔時我聞：若如來、無所著、等正覺、明行成為、善逝、世間解、無上士、道法御、天人師、號佛、衆祐出於世時，增諸天衆，減阿修羅。大仙人！我自眼見世尊弟子比丘，從世尊修習梵行，捨欲離欲，身壞命終得至善處，生於天中。大仙人！瞿毘釋女是世尊弟子，亦從世尊修習梵行，憎惡是女身，愛樂男形，轉女人身受男子形，捨欲離欲，身壞命終得生妙處三十三天，為我作子。彼既生已，諸天悉知：瞿婆天子有大如意足，有大威德，有大福祐，有大威神。

「大仙人！我復見有世尊弟子三比丘等，亦從世尊修習梵行，不捨離欲，身壞命終生餘下賤伎樂宮中。彼既生已，日日來至三十三天供事諸天，奉侍瞿婆天子。天子見彼已，而說頌曰：

與眼優婆私，　我字名瞿毘，　奉敬佛及法，　淨意供養衆。
我已蒙佛恩，　釋子大祐德，　妙生三十三，　彼知祐天子。
見彼本比丘，　受生伎樂神，　叉手面前立，　瞿婆為說偈。
是本瞿曇子，　我本為人時，　來至到我家，　飲食好供養。
*汝本與聖等，　行無上梵行，　今為他所使，　日來奉事天。
我本承事汝，　聞聖善說法，　得信成就戒，　妙生三十三。
汝本受奉事，　行無上梵行，　今為他所使，　日來奉事天。
汝以何為面？　受持佛法已，　反背不向法，　是眼覺善說。
我昔見汝等，　今生下伎樂，　自行非法行，　自生於非法。

我本在居家，觀我今勝德，轉女成天子，自在五欲樂。
彼訶瞿曇*子，厭已歎瞿曇，我今當進行，天子真諦說。
二於彼懃行，憶瞿曇法律，知欲有災患，即彼捨離欲。
彼為欲結縛，即得捨遠離，如象斷羈靽，度三十三天。
因陀羅天梵，一切皆來集，即彼坐上去，雄猛捨塵欲。
帝釋見已厭，勝天天中天，彼本生下賤，度三十三天。
厭已妙息言，瞿婆後說曰，人中有佛勝，釋牟尼知欲。
彼子中失念，我訶更復得，於三中之一，則生伎樂中。
二成等正道，在天定根樂，汝說如是法，弟子無有惑。
度漏斷邪疑，禮佛勝伏根，若彼覺諸法，二得昇進處。

彼得昇進已，　生於梵天中，　我等知彼法，　大仙來至此。」

爾時世尊便作是念：「此鬼長夜無有諛諂，亦無欺誑，無幻質直。若有問者，盡欲知故，不欲觸嬈；彼之所問亦復如是，我寧可說甚深阿毘曇。」

世尊知已，為天王釋說此頌曰：

於現法樂故，　亦為後世樂，　拘翼自恣問，　隨意之所樂，
彼彼之所問，　盡當為決斷。　世尊已見聽，　日天求見義，
在摩竭陀國，　賢婆娑婆問。

於是天王釋白曰：「世尊！天、人、阿修羅、揵沓和、羅剎及餘種種身各各有幾結耶？」

世尊聞已，答曰：「拘翼！天、人、阿修羅、揵沓和、羅剎及餘種種身各各有二結：慳及嫉也。彼各各作是念：『令我無杖無結，無怨無恚，無諍無鬪，無苦安樂遊行。』彼雖作是念，然故有杖有結，有怨有恚，有諍有鬪，有苦無安樂遊行。」

時天王釋聞已，白曰：「唯然，世尊！唯然，善逝！唯然，大仙人！天、人、阿修羅、揵沓和、羅剎及餘種種身各各有二結，彼作是念：『令我無杖無結，無怨無恚，無諍無鬪，無苦安樂遊行。』彼雖作是念，然故有杖有結，有怨有恚，有諍有鬪，有苦無安樂遊行。唯然，世尊！唯然，善逝！唯然，大仙人！如佛所說法，我悉知之。我斷疑度惑，無有猶豫，聞佛所說故。」

時天王釋聞佛所說，歡喜奉行。復問曰：「大仙人！慳、嫉者何因？何緣？為從何生？由何而有？復何因由無慳、嫉耶？」

世尊聞已，答曰：「拘翼！慳、嫉者因愛、不愛，緣愛、不愛，從愛、不愛生，由愛、不愛有；若無愛、不愛者則無慳、嫉也。」

時天王釋聞已，白曰：「唯然，世尊！唯然，善逝！唯然，大仙人！慳、嫉者因愛、不愛，緣愛、不愛，從愛、不愛生，由愛、不愛有；若無愛、不愛者則無慳、嫉也。唯然，世尊！唯然，善逝！唯然，大仙人！如佛所說法，我悉知之。我斷疑度惑，無有猶豫，聞佛所說故。」

時天王釋聞佛所說，歡喜奉行。復問曰：「大仙人！愛、不愛者何因？何緣？為從何生？由何而有？復何因由無愛、不愛耶？」

世尊聞已，答曰：「拘翼！愛、不愛者因欲，緣欲，從欲而生，由欲故有，若無欲者則無愛、不愛。」

時天王釋聞已，白曰：「唯然，世尊！唯然，善逝！唯然，大仙人！愛、不愛者因欲，緣欲，從欲而生，由欲故有，若無欲者則無愛、不愛。唯然，世尊！唯然，善逝！唯然，大仙人！如佛所說法，我悉知之。我斷疑度惑，無有猶豫，聞佛所說故。」

時天王釋聞佛所說，歡喜奉行。復問曰：「大仙人！欲者何因？何緣？為從何生？由何而有？復何因由無有欲耶？」

世尊聞已，答曰：「拘翼！欲者因念，緣念，從念而生，由念故有，若無念者則無有欲。」

時天王釋聞已，白曰：「唯然，世尊！唯然，善逝！唯然，大仙人！欲者因念，緣念，從念而生，由念故有，若無念者則無有欲。唯然，世尊！唯然，善逝！唯然，大仙人！如佛所說法，我悉知之。我斷疑度惑，無有猶豫，聞佛所說故。」

時天王釋聞佛所說，歡喜奉行。復問曰：「大仙人！念者何因？何緣？為從何生？由何而有？復何因由無有念耶？」

世尊聞已，答曰：「拘翼！念者因思，緣思，從思而生，由思故有，若無思者則無有念。由念故有欲，由欲故有愛、不愛，由愛、不愛故有慳、嫉，由慳、嫉故有刀杖、鬪諍、憎嫉、諛諂、欺誑、妄言、兩舌，心中生無量惡不善之法，如是此純大苦陰生。若無思者，則無有念；若無念者，則無有欲；若無欲者，則無愛、不愛；若無愛、不愛者，則無慳、嫉；若無慳、嫉者，則無刀杖、鬪諍、憎嫉、諛諂、欺誑、妄言、兩舌，心中不生無量惡不善之法，如是此純大苦陰滅。」

時天王釋聞已，白曰：「唯然，世尊！唯然，善逝！唯然，大仙人！念者因思，緣思，從思而生，由思故有，若無思者則無有念。由念故有欲，由欲故有愛、不愛，由愛、不愛故有慳、嫉，由慳、嫉故有刀杖、鬪諍、憎嫉、諛諂、欺誑、妄言、兩舌，心中生無量惡不善之法，如是此純大苦陰生。若無思者，則無有念；若無念者，則無有欲；若無欲者，則無愛、不愛；若無愛、不愛者，則無慳、嫉；若無慳、嫉者，則無刀杖、鬪諍、憎嫉、諛諂、欺誑、妄言、兩舌，心中不生無量惡不善之法，如是此純大苦陰滅。唯然，世尊！唯然，善逝！唯然，大仙人！如佛所說法，我悉知之。我斷疑度惑，無有猶豫，聞佛所說故。」

時天王釋聞佛所說，歡喜奉行。復問曰：「大仙人！何者滅戲道跡？比丘何行趣向滅戲道跡耶？」

世尊聞已，答曰：「拘翼！滅戲道跡者，謂八支聖道：正見乃至正定為八。拘翼！是謂滅戲道跡，比丘者行此趣向滅戲道跡。」

時天王釋聞已白曰：「唯然，世尊！唯然，善逝！唯然，大仙人！滅戲道跡者，謂八支聖道：正見乃至正定為八。大仙人！是為滅戲道跡，比丘者行此趣向滅戲道跡。唯然，世尊！唯然，善逝！唯然，大仙人！如佛所說法，我悉知之。我斷疑度惑，無有猶豫，聞佛所說故。」

時天王釋聞佛所說，歡喜奉行。復問曰：「大仙人！比丘者趣向滅戲道跡，斷幾法、行幾法耶？」

世尊聞已，答曰：「拘翼！比丘者趣向滅戲道跡，斷三法、修行三法。云何為三？一曰念，二曰言，三曰求。拘翼！念者，我說有二種：可行、不可行。若念不可行者，我即斷彼；若念可行者，我為彼知時，有念有智，為成就彼念故。言亦如是。拘翼！求者，我說亦有二種：可行、不可行。若求不可行者，我即斷彼；若求可行者，我為彼知時，有念有智，成就彼求故。」

時天王釋聞已，白曰：「唯然，世尊！唯然，善逝！唯然，大仙人！比丘者趣向滅戲道跡，斷三法、修行三法。云何為三？一曰念，二曰言，三曰求。大仙人說念有二種：可行、不可行。若念增長惡不善法，減損善法者，大仙人便斷彼；若念減損惡不善法，增長善法者，大仙人為彼知時，有念有智，成就彼念故。言亦如是。大仙人說求亦有二種：可行、不可行。若求增長惡不善法，減損善法者，大仙人便斷彼；若求減損惡不善法，增長善法者，大仙人為彼知時，有念有智，成就彼求故。唯然，世尊！唯然，善逝！唯然，大仙人！如佛所說法，我悉知之。我斷疑度惑，無有猶豫，聞佛所說故。」

時天王釋聞佛所說，歡喜奉行。復問曰：「大仙人！比丘者趣向滅戲道跡有幾法，護從解脫行幾法耶？」

世尊聞已，答曰：「拘翼！比丘者趣向滅戲道跡有六法，護從解脫行六法也。云何為六？眼視色、耳聞聲、鼻嗅香、舌嘗味、身覺觸、意知法。拘翼！眼視色者，我說有二種：可行、不可行。若眼視色不可行者，我即斷彼；若眼視色可行者，我為彼知時，有念有智，成就彼故。如是耳聞聲、鼻嗅香、舌嘗味、身覺觸、意知法者，我說亦有二種：可行、不可行。若意知法不可行者，我即斷彼；若意知法可行者，我為彼知時，有念有智，成就彼故。」

時天王釋聞已，白曰：「唯然！世尊！唯然，善逝！唯然，大仙人！比丘者趣向滅戲道跡者有六法，護從解脫行六法。云何為六？眼視色、耳聞聲、鼻嗅香、舌嘗味、身覺觸、意知法。大仙人說眼視色者有二種：可行、不可行。若眼視色增長惡不善法，*減損善法者，大仙人即斷彼；若眼視色減損惡不善法，增長善法者，大仙人為彼知時，有念有智，成就彼故。如是耳聞聲、鼻嗅香、舌嘗味、身覺觸，大仙人說意知法者亦有二種：可行、不可行。若意知法增長惡不善法，減損善法者，大仙人即斷彼；若意知法減損惡不善法，增長善法者，大仙人為彼知時，有念有智，成就彼故。唯然，世尊！唯然，善逝！唯然，大仙人！如佛所說法，我悉知之。我斷疑度惑，無有猶豫，聞佛所說故。」

時天王釋聞佛所說，歡喜奉行。復問曰：「大仙人！比丘者趣向滅戲道跡，命存一時頃，復斷幾法、行幾法耶？」

世尊聞已，答曰：「拘翼！比丘者趣向滅戲道跡，命存一時頃，復斷三法、行三法。云何為三？一曰喜，二曰憂，三曰捨。拘翼！喜者，我說有二種：可行、不可行。若喜不可行者，我即斷彼；若喜可行者，我為彼知時，有念有智，成就彼故。憂亦如是。拘翼！捨者，我說亦有二種：可行、不可行。若捨不可行者，我即斷彼；若捨可行者，我為彼知時，有念有智，成就彼故。」

時天王釋聞已，白曰：「唯然，世尊！唯然，善逝！唯然，大仙人！比丘者趣向滅戲道跡，命為一時頃，斷三法、行三法。云何為三？一曰喜，二曰憂，三曰捨。大仙人說喜者有二種：可行、不可行。若喜增長惡不善法，減損善法者，大仙人即斷彼；若喜減損惡不善法，增長善法者，大仙人為彼知時，有念有智，成就彼故。憂亦如是。大仙人說捨者亦有二種：可行、不可行。若捨增長惡不善法，減損善法者，大仙人即斷彼；若捨減損惡不善法，增長善法者，大仙人為彼知時，有念有智，成就彼故。唯然，世尊！唯然，善逝！唯然，大仙人！如佛所說法，我悉知之。我斷疑度惑，無有猶豫，聞佛所說故。」

時天王釋聞佛所說，歡喜奉行。復問曰：「大仙人！一切沙門、梵志，同一說、一欲、一愛、一樂、一意耶？」

世尊聞已，答曰：「拘翼！一切沙門、梵志，不同一說、一欲、一愛、一樂、一意也。」

時天王釋復問曰：「大仙人！一切沙門、梵志，以何等故，不同一說、一欲、一愛、一樂、一意耶？」

世尊聞已，答曰：「拘翼！此世有若干種界，有無量界。彼隨所知界，即彼界隨其力、隨其方便，一向說此為真諦，餘者虛妄。拘翼！是故一切沙門、梵志，不同一說、一欲、一愛、一樂、一意耳。」

時天王釋聞已，白曰：「唯然，世尊！唯然，善逝！唯然，大仙人！此世有若干種界，有無量界。彼隨所知界，即彼界隨其力、隨其方便，一向說此為真諦，餘者虛妄。大仙人！以是故，一切沙門、梵志，不同一說、一欲、一愛、一樂、一意耳。唯然，世尊！唯然，善逝！唯然，大仙人！如佛所說法，我悉知之。我斷疑度惑，無有猶豫，聞佛所說故。」

時天王釋聞佛所說，歡喜奉行。復問曰：「大仙人！一切沙門、梵志，得至究竟，究竟白淨，究竟梵行，究竟梵行訖耶？」

世尊聞已，答曰：「拘翼！不必一切沙門、梵志，得至究竟，究竟白淨，究竟梵行，究竟梵行訖。」

時天王釋復問曰：「大仙人！以何等故，不必一切沙門、梵志，得至究竟，究竟白淨，究竟梵行，究竟梵行訖耶？」

世尊聞已，答曰：「拘翼！若有沙門、梵志於無上愛盡，不正善心解脫者，彼不至究竟，不究竟白淨，不究竟梵行，不究竟梵行訖。

拘翼！若有沙門、梵志於無上愛盡，正善心解脫者，彼至究竟，究竟白淨，究竟梵行，究竟梵行訖。」

時天王釋聞已，白曰：「唯然，世尊！唯然，善逝！唯然，大仙人！若有沙門、梵志於無上愛盡，不正善心解脫者，彼不至究竟，不究竟白淨，不究竟梵行，不究竟梵行訖。大仙人！若有沙門、梵志於無上愛盡，正善心解脫者，彼至究竟，究竟白淨，究竟梵行，究竟梵行訖。唯然，世尊！唯然，善逝！唯然，大仙人！如佛所說法，我悉知之。我斷疑度惑，無有猶豫，聞佛所說故。」

時天王釋聞佛所說，善受善持，白曰：「大仙人！我於長夜有疑惑刺，世尊今日而拔出之。所以者何？謂如來、無所著、等正覺故。」

世尊問曰：「拘翼！汝頗憶昔時曾問餘沙門、梵志如此事耶？」

時天王釋答曰：「世尊！唯大仙人自當知之。大仙人！三十三天集在法堂，各懷愁慼，數數歎說：『我等若值如來、無所著、等正覺者，必當往見。』大仙人！然我等不得值如來、無所著、等正覺已，便行具足五欲功德。大仙人！我等放逸，行放逸已，大威德天子於極妙處即便命終。大仙人！我見大威德天子於極妙處即命終時，便生極厭，身毛皆竪：『莫令我於此處速命終！』

「大仙人！我因此厭，因此憂慼故，若見餘沙門、梵志在無事處山林樹下，樂居高巖，寂無音聲，遠離、無惡，無有人民，隨順燕坐。彼樂遠離，燕坐安隱，快樂遊行。我見彼已，便謂是如來、無所著、等正覺，即往奉見。彼不識我，而問我言：『汝為是誰？』我時答彼：『大仙人！我是天王釋。大仙人！我是天王釋！』彼復問我：『我曾見釋，亦見釋種姓，以何等故名為釋？以何等故為釋種姓？』我便答彼：『大仙人！若有來問我事者，我便隨所能、隨其力而答彼，是故我名為釋。』彼作是說：『我等若隨其事以問釋者，釋亦隨其事答我。』彼問我事，我不問彼；彼歸命我，我不歸命彼。大仙人！從彼沙門、梵志竟不得威儀法教，況復得如是問耶？」

時天王釋而說頌曰：

釋往釋往已，　釋今作是說，　遠離意所念，　除疑諸猶豫。
久遠行於世，　推求索如來，　見沙門梵志，　在遠離燕坐，

謂是正盡覺，　往奉敬禮事。　云何得昇進？　如是我問彼，
問已不能知，　聖道及道跡。　世尊今為我，　若意有所疑，
所念及所思，　其意之所行，　知心隱及現，　明者為我說。
尊佛尊為師，　尊無著牟尼，　尊斷諸結使，　自度度衆生。
覺者第一覺，　御者最上御，　息者尊妙息，　大仙自度度。
故我禮*天尊☆，　稽首人最上，　斷絕諸愛刺，　我禮日之親。

於是世尊問曰：「拘翼！汝頗憶昔時，得如是離，得如是歡喜，謂於我得法喜耶？」

時天王釋答曰：「世尊！唯大仙人自當知之。大仙人！昔一時天及阿修羅而共鬪戰。大仙人！天及阿修羅共鬪戰時，我作是念：『令

天得勝，破阿修羅；諸天食及阿修羅食，盡令三十三天食。』大仙人！天及阿修羅共鬬戰時，天便得勝，破阿修羅；諸天食及阿修羅食，盡令三十三天食。大仙人！爾時有離有喜，雜刀杖、結怨、鬬諍、憎嫉，不得神通，不得覺道，不得涅槃。大仙人！今日得離得喜，不雜刀杖、結怨、鬬諍、憎嫉，得通得覺，亦得涅槃。」

世尊問曰：「拘翼！汝何因得離得喜？謂於我得法喜耶？」

時天王釋答曰：「大仙人！我作是念：『我於此命終，生於人間。彼若有族極大富樂，資財無量，畜牧、產業不可稱計，封戶食邑種種具足。謂剎利長者族、梵志長者族、居士長者族及餘族，極大富樂，資財無量，畜牧、產業不可稱計，封戶食邑種種具足。生如是族已，成就諸根，如來所說法律有得信者；得信已，剃除鬚髮，著袈裟衣，至信捨家無家學道。學智，學智已，若得智者，便得究竟智，得究竟邊。學智，學智已，若得智，不得究竟智者，若有諸天有大福祐，色像巍巍，光耀煒曄，極有威力安隱快樂，長住宮殿，生於最上，我生彼中。』」

於是天王釋而說頌曰：

捨離於天身，　來下生人間，　不愚癡入胎，　隨我意所樂。

得身具足已，　逮質直正道，　行具足梵行，　常樂於乞食。

「學智，學智已，若得智者，便得究竟智，得究竟邊。學智，學智已，若得智，不得究竟智者，當作最上妙天，諸天聞名色究竟天，往生彼中。大仙人！願當得阿那含。大仙人！我今定得須陀洹。」

世尊問曰：「拘翼！汝何因得此極好、極高、極廣差降，而自稱說得須陀洹耶？」

時天王釋以偈答曰：

不更有餘尊，　唯世尊境界，　得最上差降，　未曾有此處。
大仙我此坐，　即於此天身，　我更得增壽，　如是自眼見。

說此法時，天王釋遠塵離垢，諸法法眼生；及八萬諸天亦遠塵離垢，諸法法眼生。於是天王釋見法得法，覺白淨法，斷疑度惑，更無餘尊，不復從他，無有猶豫，已住果證，於世尊法得無所畏，即從坐起，稽首佛足，白曰：「世尊！我今自歸佛、法及比丘衆，唯願世尊受我為優婆塞！從今日始，終身自歸乃至命盡。」

於是天王釋稱歎五結樂子曰：「善哉！善哉！汝五結大益於我。所以者何？由汝故，佛從定寤。以汝先使世尊從定寤故，令我等後得見佛。五結！我從此歸以躭浮樓伎樂王女賢月色嫁與汝作婦，及其父樂王本國拜與汝作伎樂王。」

於是天王釋告三十三天曰：「汝等共來，若我等本為梵天王，住梵天上，再三恭敬禮事者，彼今盡為世尊恭敬禮事。所以者何？世尊梵天，梵天當造化最尊生眾生[2]有及當有彼所，可知盡知，可見盡見。」

於是天王釋及三十三天、五結樂子，若本為梵天，住梵天上，再三恭敬禮事者，彼盡為世尊恭敬禮事，稽首如來、無所著、等正覺。

於是天王釋及三十三天、五結樂子，再⊙三為世尊恭敬禮事，稽首佛足，遶三匝已，即於彼處忽沒不現。爾時梵天色像巍巍光耀煒燁，夜將向旦，往詣佛所，稽首佛足，却住一面，即時以偈白世尊曰：

為多饒益義，　見利義曰天，　賢住摩竭國，　婆娑婆問事。

「大仙人說此法時，天王釋遠塵離垢，諸法法眼生；及八萬諸天亦遠塵離垢，諸法法眼生。」

於是世尊告梵天曰：「如是！如是！⊙如梵天所說：

為多饒益義，　見利義曰天，　賢住摩竭國，　婆娑婆問事。

「梵天！我說法時，天王釋遠塵離垢，諸法法眼生；及八萬諸天亦遠塵離垢，諸法法眼生。」

佛說如是，時天王釋及三十三天、五結樂子并大梵天聞佛所說，歡喜奉行。

釋問經第十八竟七千三百六十八字

（一三五）中阿含大品善生經第十九第三念誦

我聞如是：一時，佛遊王舍城，在饒蝦蟆林。

爾時善生居士子父臨終時，因六方故，遺勅其子，善教善訶曰：「善生！我命終後，汝當叉手向六方禮：東方若有眾生者，我盡恭敬、供養、禮事彼；我盡恭敬、供養、禮事彼已，彼亦當恭敬、供養、禮事我。如是南方、西方、北方、下方、上方若有眾生者，我盡恭敬、供養、禮事彼；我盡恭敬、供養、禮事彼已，彼亦當恭敬、供養、禮事我。」

善生居士子聞父教已，白父曰：「唯，當如尊勅！」

於是善生居士子父命終後，平旦沐浴，著新*芻磨衣，手執生拘舍葉，往至水邊，叉手向六方禮：東方若有眾生者，我盡恭敬、供養、禮事彼；我盡恭敬、供養、禮事彼已，彼亦當恭敬、供養、禮事我。如是南方、西方、北方、下方、上方若有眾生者，我盡恭敬、供養、禮事彼；我盡恭敬、供養、禮事彼已，彼亦當恭敬、供養、禮事我。

彼時世尊過夜平旦，著衣持鉢，入王舍城而行乞食。世尊入王舍城乞食時，遙見善生居士子，平旦沐浴，著新芻磨衣，手執生拘舍葉，往至水邊，叉手向六方禮：東方若有衆生者，我盡恭敬、供養、禮事彼；我盡恭敬、供養、禮事彼已，彼亦當恭敬、供養，禮事我。如是南方、西方、北方、下方、上方若有衆生者，我盡恭敬、供養、禮事彼；我盡恭敬、供養、禮事彼已，彼亦當恭敬、供養、禮事我。

世尊見已，往至善生居士子所，問曰：「居士子！受何沙門、梵志教，教汝恭敬、供養、禮事，平旦沐浴，著新芻磨衣，手執生拘舍葉，往至水邊，叉手向六方禮：東方若有衆生者，我盡恭敬、供養、禮事彼；我盡恭敬、供養、禮事彼已，彼亦當恭敬、供養、禮事我。如是南方、西方、北方、下方、上方若有衆生者，我盡恭敬、供養、禮事彼；我盡恭敬、供養、禮事彼已，彼亦當恭敬、供養、禮事我耶？」

善生居士子答曰：「世尊！我不受餘沙門、梵志教也。世尊！我父臨命終時，因六方故，遺勅於我，善教善訶曰：『善生！我命終後，汝當叉手向六方禮：東方若有衆生者，我盡恭敬、供養、禮事彼；我盡恭敬、供養、禮事彼已，彼亦當恭敬、供養、禮事我。如是南方、西方、北方、下方、上方若有衆生者，我盡恭敬、供養、禮事彼；我盡恭敬、供養、禮事彼已，彼亦當恭敬、供養、禮事我。』世尊！我受父遺教恭敬、供養、禮事故，平旦沐浴，著新芻磨衣，手執生拘舍葉，往至水邊，叉手向六方禮：東方若有衆生者，我盡恭敬、供養、禮事彼；我盡恭敬、供養、禮事彼已，彼亦當恭敬、供養、禮事我。如是南方、西方、北方、下方、上方若有衆生者，我盡、恭敬、供養禮事彼；我盡恭敬、供養、禮事彼已，彼亦當恭敬、供養、禮事我。」

世尊聞已，告曰：「居士子！我說有六方，不說無也。居士子！若有人善別六方，離四方惡不善業垢，彼於現法可敬可重，身壞命終必至善處，上生天中。居士子！眾生有四種業、四種穢。云何為四？居士子！殺生者，是眾生業種、穢種。不與取、邪婬、妄言者，是眾生業種、穢種。」

於是世尊說此頌曰：

殺生不與取，　邪婬犯他妻，
所言不真實，　慧者不稱譽。

「居士子！人因四事故，便得多罪。云何為四？行欲、行恚、行怖、行癡。」

於是世尊說此頌曰：

欲恚怖及癡，　行惡非法行，　彼必滅名稱，　如月向盡沒。

「居士子！人因四事故，便得多福。云何為四？不行欲、不行恚、不行怖、不行癡。」

於是世尊說此頌曰：

斷欲無恚怖，　無癡行法行，　彼名稱普聞，　如月漸盛滿。

「居士子！求財物者，當知有六非道。云何為六？一曰、種種戲求財物者為非道，二曰、非時行求財物者為非道，三曰、飲酒放逸求財物者為非道，四曰、親近惡知識求財物者為非道，五曰、常喜妓樂求財物者為非道，六曰、懶惰求財物者為非道。

「居士子！若人種種戲者，當知有六災患。云何為六？一者、負則生怨，二者、失則生恥，三者、負則眠不安，四者、令怨家懷喜，五者、使宗親懷憂，六者、在眾所說人不信用。居士子！人博戲者，不經營作事，作事不營則功業不成，未得財物則不能得，本有財物便轉消耗。

「居士子！人非時行者，當知有六災患。云何為六？一者、不自護，二者、不護財物，三者、不護妻子，四者、為人所疑，五者、多生苦患，六者、為人所謗。居士子！人非時行者，不經營作事，作事不營則功業不成，未得財物則不能得，本有財物便轉消耗。

「居士子！若人飲酒放逸者，當知有六災患。一者、現財物失，二者、多有疾患，三者、增諸鬪諍，四者、隱藏發露，五者、不稱不護，六者、滅慧生癡。居士子！人飲酒放逸者，不經營作事，作事不營則功業不成，未得財物則不能得，本有財物便轉消耗。

「居士子！若人親近惡知識者，當知有六災患。云何為六？一者、親近賊，二者、親近欺誑，三者、親近狂醉，四者、親近放恣，五者、逐會嬉戲，六者、以此為親友，以此為伴侶。居士子！若人親近惡知識者，不經營作事，作事不營則功業不成，未得財物則不能得，本有財物便轉消耗。

「居士子！若人憙伎樂者，當知有六災患。云何為六？一者、憙聞歌，二者、憙見舞，三者、憙往作樂，四者、憙見弄鈴，五者、憙拍兩手，六者、憙大聚會。居士子！若人憙伎樂者，不經營作事，作事不營則功業不成，未得財物則不能得，本有財物便轉消耗。

「居士子！若有懶惰者，當知有六災患。云何為六？一者、大早不作業，二者、大晚不作業，三者、大寒不作業，四者、大熱不作業，五者、大飽不作業，六者、大飢不作業。居士子！若人懶惰者，不經營作事，作事不營則功業不成，未得財物則不能得，本有財物便轉消耗。」

於是世尊說此頌曰：

種種戲逐色，　嗜酒憙作樂，　親近惡知識，　懶惰不作業，
放恣不自護，　此處壞敗人。　行來不防護，　邪婬犯他妻，

心中常結怨，求願無有利，飲酒念女色，此處壞敗人。
重作不善行，佷戾不受教，罵沙門梵志，顛倒有邪見，
凶暴行黑業，此處壞敗人。自乏無財物，飲酒失衣被，
負債如涌泉，彼必壞門族。數往至酒鑪，親近惡朋友，
應得財不得，是伴黨為樂。多有惡朋友，常隨不善伴，
今世及後世，二俱得敗壞。人習惡轉減，習善轉興盛，
習勝者轉增，是故當習勝。習昇則得昇，常逮智慧昇，
轉獲清淨戒，及與微妙*止。晝則喜眠臥，夜則好遊行，
放逸常飲酒，居家不得成。大寒及大熱，謂有懶惰人，
至竟不成業，終不獲財利。若寒及大熱，不計猶如草，

若人作是業，　彼終不失樂。

「居士子！有四不親而似親。云何為四？一者、知事非親似如親，二者、面前愛言非親似如親，三者、言語非親似如親，四者、惡趣伴非親似如親。

「士子！因四事故，知事非親似如親。云何為四？一者、以知事奪財，二者、以少取多，三者、或以恐怖，四者、或為利狎習。」

於是世尊說此頌曰：

人以知為事，　言語至柔軟，
怖為利狎習，　知非親如親；
常當遠離彼，　如道有恐怖。

「居士子！因四事故，面前愛言非親似如親。云何為四？一者、制妙事，二者、教作惡，三者、面前稱譽，四者、背說其惡。」

於是世尊說此頌曰：

若制妙善法，　教作惡不善，　對面前稱譽，　背後說其惡，
若知妙及惡，　亦復覺二說。　是親不可親，　知彼人如是；
常當遠離彼，　如道有恐怖。

「居士子！因四事故，言語非親似如親。云何為四？一者、認過去事，二者、必辯當來事，三者、虛不真說，四者、現事必滅，我當作不作認說。」

於是世尊說此頌曰：

認過及未來，　虛論現滅事，　當作不作說，　知非親如親；

常當遠離彼，　如道有恐怖。

「居士子！因四事故，惡趣伴非親似如親。云何為四？一者、教種種戲，二者、教非時行，三者、教令飲酒，四者、教親近惡知識。」

於是世尊說此頌曰：

教若干種戲，　飲酒犯他妻，　習下不習勝，　彼滅如月盡；
常當遠離彼，　如道有恐怖。

「居士子！善親當知有四種。云何為四？一者、同苦樂，當知是善親；二者、愍念，當知是善親；三者、求利，當知是善親；四者、饒益，當知是善親。

「居士子！因四事故同苦樂，當知是善親。云何為四？一者、為彼捨己，二者、為彼捨財，三者、為彼捨妻子，四者、所說堪忍。」

於是世尊說此頌曰：

捨欲財妻子，　所說能堪忍，
知親同苦樂，　慧者當狎習。

「居士子！因四事故愍念，當知是善親。云何為四？一者、教妙法，二者、制惡法，三者、面前稱說，四者、却怨家。」

於是世尊說此頌曰：

教妙善制惡，　面稱却怨家，
知善親愍念，　慧者當狎習。

「居士子！因四事故求利，當知是善親。云何為四？一者、密事發露，二者、密不覆藏，三者、得利為喜，四者、不得利不憂。」

於是世尊說此頌曰：

密事露不藏，　利喜無不憂，　知善親求利，　慧者當狎習。

「居士子！因四事故饒益，當知是善親。云何為四？一者、知財物盡，二者、知財物盡已便給與物，三者、見放逸教訶，四者、常以愍念。」

於是世尊說此頌曰：

知財盡與物，　放逸教愍念，　知善親饒益，　慧者當狎習。

「居士子！聖法律中有六方，東方、南方、西方、北方、下方、上方。

「居士子！如東方者，如是子觀父母，子當以五事奉敬供養父母。云何為五？一者、增益財物，二者、備辦眾事，三者、所欲則奉，四者、自恣不違，五者、所有私物盡以奉上。子以此五事奉敬供養父母，父母亦以五事善念其子。云何為五？一者、愛念兒子，二者、供給無乏，三者、令子不負債，四者、婚娶稱可，五者、父母可意所有財物盡以付子，父母以此五事善念其子。居士子！如是東方二俱分別。居士子！聖法律中東方者，謂子、父母也。居士子！若慈孝父母者，必有增益則無衰耗。

「居士子！如南方者，如是弟子觀師，弟子當以五事恭敬供養於師。云何為五？一者、善恭順，二者、善承事，三者、速起，四者、所作業善，五者、能奉敬師。弟子以此五事恭敬供養於師，師亦以五事善念弟子。云何為五？一者、教技術，二者、速教，三者、盡教所知，四者、安處善方，五者、付囑善知識，師以此五事善念弟子。居士子！如是南方二俱分別。居士子！聖法律中南方者，謂弟子、師也。居士子！若人慈順於師者，必有增益則無衰耗。

「居士子！如西方者，如是夫觀妻子，夫當以五事愛敬供給妻子。云何為五？一者、憐念妻子，二者、不輕慢，三者、為作瓔珞嚴具，四者、於家中得自在，五者、念妻親親。夫以此五事愛敬供給妻子，妻子當以十三事善敬順夫。云何十三？一者、重愛敬夫，二者、重供養夫，三者、善念其夫，四者、攝持作業，五者、善攝眷屬，六者、前以瞻侍，七者、後以愛行，八者、言以誠實，九者、不禁制門，十者、見來讚善，十一者、敷設床待，十二者、施設淨美豐饒飲食，十三者、供養沙門、梵志，妻子以此十三事善敬順夫。居士子！如是西方二俱分別。居士子！聖法律中西方者，謂夫、妻子也。居士子！若人慈愍妻子者，必有增益則無衰耗。

「居士子！如北方者，如是大家觀奴婢使人，大家當以五事愍念給恤奴婢使人。云何為五？一者、隨其力而作業，二者、隨時食之，三者、隨時飲之，四者、及日休息，五者、病給湯藥。大家以此五事愍念給恤奴婢使人，奴婢使人當以九事善奉大家。云何為九？一者、隨時作業，二者、專心作業，三者、一切作業，四者、前以瞻侍，五者、後以愛行，六者、言以誠實，七者、急時不遠離，八者、行他方時則便讚歎，九者、稱大家庶幾，奴婢使人以此九事善奉大家。居士子！如是北方二俱分別。居士子！聖法律中北方者，謂大家、奴婢使人也。居士子！若有人慈愍奴婢使人者，必有增益則無衰耗。

「居士子！如下方者，如是親友觀親友臣，親友當以五事愛敬供給親友臣。云何為五？一者、愛敬，二者、不輕慢，三者、不欺誑，四者、施與珍寶，五者、拯念親友臣。親友以此五事愛敬供給親友臣，親友臣亦以五事善念親友。云何為五？一者、知財物盡，二者、知財物盡已供給財物，三者、見放逸教訶，四者、愛念，五者、急時可歸依，親友臣以此五事善念親友。居士子！如是下方二俱分別。居士子！聖法律中下方者，謂親友、親友臣也。居士子！若人慈愍親友臣者，必有增益則無衰耗。

「居士子！如上方者，如是施主觀沙門、梵志，施主當以五事尊敬供養沙門、梵志。云何為五？一者、不禁制門，二者、見來讚善，三者、敷設床待，四者、施設淨美豐饒飲食，五者、擁護如法。施主以此五事尊敬供養沙門、梵志，沙門、梵志亦以五事善念施主。云何為五？一者、教信、行信、念信，二者、教禁戒，三者、教博聞，四者、教布施，五者、教慧、行慧、立慧，沙門梵志以此五事善念施主。居士子！如是上方二俱分別。居士子！聖法律中上方者，謂施主、沙門、梵志也。居士子！若人尊奉沙門、梵志者，必有增益則無衰耗。

「居士子！有四攝事。云何為四？一者、惠施，二者、愛言，三者、行利，四者、等利。」

於是世尊說此頌曰：

惠施及愛言，常為他行利，眾生等同利，名稱普遠至。
此則攝持世，猶如御車人。若無攝持者，母不因其子，
得供養恭敬，父因子亦然。若有此法攝，故得大福祐。
照遠猶日光，速利翻捷疾，不麤說聰明，如是得名稱。
定*護無貢☆高，速利翻捷疾，成就信尸賴，如是得名稱。
常起不懶惰，惠施人飲食，將去調御正，如是得名稱。
親友臣同恤，愛樂有齊限，謂攝在親中，殊妙如師子。
初當學技術，於後求財物，後求財物已，分別作四分。
一分作飲食，一分作田業，一分舉藏置，急時赴所須，

耕作商人給，　一分出息利。　第五為取婦，　第六作屋宅。
家若具六事，　不增快得樂，　彼必饒錢財，　如海中水流。
彼如是求財，　猶如蜂採花，　長夜求錢財，　當自受快樂。
出財莫令遠，　亦勿令普漫，　不可以財與，　兇暴及豪強。
東方為父母，　南方為師尊，　西方為妻子，　北方為奴婢，
下方親友臣，　上沙門梵志。　願禮此諸方，　二俱得大稱，
禮此諸方已，　施主得生天。

佛說如是，善生居士子聞佛所說，歡喜奉行。

善生經第十九竟四千二百五十五字

中阿含經卷第三十三萬一千六百二十三字

中阿含經卷第三十四

東晉罽賓三藏瞿曇僧伽提婆譯

(一三六)大品商人求財經第二十(第三念誦)

我聞如是：一時，佛遊舍衛國，在勝林給孤獨園。

爾時世尊告諸比丘：「乃往昔時，閻浮洲中諸商人等皆共集會在賈客堂，而作是念：『我等寧可乘海裝船，入大海中取財寶來，以供家用。』復作是念：『諸賢入海不可豫知安隱、不安隱，我等寧可各各備辦浮海之具，謂羖羊皮囊、大瓠*簰栰。』彼於後時各各備辦浮海之具，羖羊皮囊、大瓠*簰栰，便入大海。彼在海中為摩竭魚王破壞其船，彼商人等各各自乘浮海之具，羖羊皮囊、大瓠*簰栰，浮向諸方。

「爾時海東大風卒起，吹諸商人至海西岸。彼中逢見諸女人輩，極妙端正，一切嚴具以飾其身。彼女見已，便作是語：『善來，諸賢！快來，諸賢！此間極樂最妙好處，園觀浴池，坐臥處所，林木蓊欝，多有錢財，金銀、水精、琉璃、摩尼、真珠、碧玉、白珂、車璖、珊瑚、虎珀、馬瑙、蝳瑁、赤石、旋珠，盡與諸賢，當與我等共相娛樂，莫令閻浮洲商人南行，乃至於夢。』彼商人等皆與婦人共相娛樂。彼商人等因共婦人合會生男，或復生女。彼於後時，閻浮洲有一智慧商人，獨住靜處，而作是念：『以何等故？此婦人輩制於我等不令南行耶？我寧可伺共居婦人，知彼眠已，安徐而起，當竊南行。』

「彼閻浮洲一智慧商人，則於後伺其居婦人，知彼眠已，安徐而起，即竊南行。彼閻浮洲一智慧商人既南行已，遙聞大音高聲喚叫，衆多人聲啼哭懊惱，喚父呼母，呼喚妻子及諸愛念親親朋友：『好閻浮洲安隱快樂，不復得見彼。』商人聞已，極大恐怖身毛皆竪：『莫令人及非人觸嬈我者。』於是閻浮洲一智慧商人自制恐怖，復進南行。彼閻浮洲一智慧商人進行南已，忽見東邊有大鐵城，見已遍觀不見其門，乃至可容猫子出處。彼閻浮洲一智慧商人，見鐵城北有大叢樹，即往至彼大叢樹所，安徐緣上。上已，問彼大衆人曰：『諸賢！汝等何故啼哭懊惱，喚父呼母，呼喚妻子及諸愛念親親朋友：好閻浮洲安隱快樂，不復得見耶？』

「時大衆人便答彼曰：『賢者！我等是閻浮洲諸商人也，皆共集會在賈客堂，而作是念：「我等寧可乘海裝船，入大海中取財寶，求以供家用。」賢者！我等復作是念：「諸賢！我等入海不可豫知安隱、不安隱，我等寧可各各備辦浮海之具，謂羖羊皮囊、大瓠*簿栰。」

「『賢者！我於後時各各備辦浮海之具，謂羖羊皮囊、大瓠*簿栰，便入大海。賢者！我等在海中為摩竭魚王破壞其船。賢者！我等商人各各自乘浮海之具，羖羊皮囊、大瓠*簿栰，浮向諸方。爾時海東大風卒起，吹我等商人至海西岸。彼中逢見諸女人輩，極妙端正，一切嚴具以飾其身。彼女見已，便作是語：「善來，諸賢！快來，諸賢！此間極樂最妙好處，園觀浴池，坐臥處所，林木蓊欝，多有錢財，金銀、水精、琉璃、摩尼、真珠、碧玉、白珂、車璖、珊瑚、虎珀、馬瑙、瑇瑁、赤石、旋珠，盡與諸賢，當與我等共相娛樂，莫令閻浮洲商人南行，乃至於夢。」

「『賢者！我等與彼婦人共相娛樂。我等因共婦人合會生男，或復生女。賢者！若彼婦人，不聞閻浮洲餘諸商人在於海中為摩竭魚王破壞船者，則與我等共相娛樂。賢者！若彼婦人，聞閻浮洲有諸商人在於海中為摩竭魚王破壞船者，便食我等，極遭逼迫。若食人時，有餘髮毛及爪齒者，彼婦人等盡取食之。若食人時，有血渧地，彼婦人等便以手爪掘地深四寸，取而食之。賢者！當知我等閻浮洲商人本有五百人，於中已噉二百五十，餘有二百五十，今皆在此大鐵城中。賢者！汝莫信彼婦人語，彼非真人，是羅刹鬼耳！』

「於是閻浮洲一智慧商人，於大叢樹安徐下已，復道而還彼婦人所本共居處，知彼婦人故眠未寤。即於其夜，彼閻浮洲一智慧商人，速往至彼閻浮洲諸商人所，便作是語：『汝等共來，當至靜處。汝各獨往，勿將兒去；當共在彼，密有所論。』彼閻浮洲諸商人等共至靜處，各自獨去，不將兒息。

「於是閻浮洲一智慧商人語曰：『諸商人！我則獨住於安靜處，

而作是念：「以何等故？此婦人輩制於我等不令南行耶？我寧可伺共居婦人，知彼眠已，安徐而起，當竊南行。」於是我便伺共居婦人，知彼眠已，我安徐起，即竊南行。我南行已，遙聞大音高聲喚叫，衆多人聲啼哭懊惱，喚父呼母，呼喚妻子及諸愛念親親朋友：「好閻浮洲安隱快樂，不復得見。」我聞是已，極大恐怖身毛皆竪：「莫令人及非人觸嬈我者。」於是我便自制恐怖，復進南行。進南行已，忽見東邊有大鐵城，見已遍觀不見其門，乃至可容猫子出處。我復見於大鐵城北有大叢樹，即往至彼大叢樹所，安徐緣上。上已，問彼大衆人曰：「諸賢！汝等何故啼哭懊惱，喚父呼母，呼喚妻子及諸愛念親親朋友：好閻浮洲安隱快樂，不復得見耶？」

「『彼大眾人而答我曰：「賢者！我等是閻浮洲諸商人，皆共集會在賈客堂，而作是念：『我等寧可乘海裝船，入大海中取財寶來，以供家用。』賢者！我等復作是念：『諸賢！我等入海不可豫知安隱、不安隱，我等寧可各各備辦浮海之具，謂羖羊皮囊、大瓠*簿栰。』

「『「賢者！我等後時各各備辦浮海之具，謂羖羊皮囊、大瓠*簿栰，便入大海。賢者！我等在海中為摩竭魚王破壞其船。賢者！我等商人各各自乘浮海之具，羖羊皮囊、大瓠*簿栰，浮向諸方。爾時海東大風卒起，吹我等商人至海西岸。彼中逢見諸女人輩，極妙端正，一切嚴具以飾其身。彼女見已，便作是語：『善來，諸賢！快來，諸賢！此間極樂最妙好處，園觀浴池，坐臥處所，林木蓊欝，多有錢財，金銀、水精、琉璃、摩尼、真珠、碧玉、白珂、車璖、珊瑚、虎珀、馬瑙、瑇瑁、赤石、旋珠，盡與諸賢，當與我等共相娛樂，莫令閻浮洲商人南行，乃至於夢。』

「『「賢者！我等與彼婦人共相娛樂。我等因共婦人合會，生男或復生女。賢者！若彼婦人，不聞閻浮洲更有商人在於海中為摩竭魚王破壞船者，則與我等共相娛樂。賢者！若彼婦人，聞閻浮洲更有商人在於海中為摩竭魚王破壞船者，便食我等，極遭逼迫。若食人時，有餘髮毛及爪齒者，彼婦人等盡取食之。若食人時，有血滴地，彼婦人等便以手爪掘地深四寸，取而食之。賢者！當知我等閻浮洲商人本有五百人，於中已噉二百五十，餘有二百五十，今皆在此大鐵城中。

賢者！汝莫信彼婦人語，彼非真人，是羅剎鬼耳！」』」

「於是閻浮洲諸商人問彼閻浮洲一智慧商人曰：『賢者不問彼大衆人：「諸賢！頗有方便，令我等及汝等從此安隱度至閻浮洲耶？」』閻浮洲一智慧商人答曰：『諸賢！我時脫，不如是問也。』於是閻浮洲諸商人語曰：『賢者！還去至本共居婦人處已，伺彼眠時，安徐而起，更竊南行。復往至彼大衆人所，問曰：「諸賢！頗有方便，令我等及汝等從此安隱度至閻浮洲耶？」』於是閻浮洲一智慧商人，為諸商人默然而受。

「是時閻浮洲一智慧商人，還至共居婦人處已，伺彼眠時，安徐而起，即竊南行。復往至彼大衆人所，問曰：『諸賢！頗有方便，令我等及汝等從此安隱度至閻浮洲耶？』彼大衆人答曰：『賢者！更無方便，令我等從此安隱度至閻浮洲。賢者！我作是念：「我等當共破掘此牆，還歸本所。」適發心已，此牆轉更倍高於常。賢者！是謂方便，令我等不得從此安隱度至閻浮洲。賢者！別有方便可令汝等從此安隱度至閻浮洲，我等永無方便。諸賢！我等聞天於空中唱曰：「閻浮洲諸商人，愚癡不定亦不善解。所以者何？不能令十五日說從解脫時而南行。彼有駏馬王，食自然粳米，安隱快樂，充滿諸根，再三唱曰：『誰欲度彼岸？誰欲使我脫？誰欲使我將，從此安隱度至閻浮洲耶？』汝等可共詣駏馬王而作是語：『我等欲得渡至彼岸，願脫我等，願將我等，從此安隱度至閻浮洲。』」賢者！是謂方便，令汝等從此安隱度至閻浮洲。商人汝來，可往至彼駈馬王所，而作是語：「我等欲得渡至彼岸，願脫我等，願將我等，從此安隱度至閻浮洲！」』

「於是閻浮洲有一智慧商人語曰：『諸商人！今時往詣駈馬王所，而作是語：「我等欲得渡至彼岸，願脫我等，願將我等，從此安隱度至閻浮洲！」諸商人！隨諸天意，諸商人！若使十五日說從解脫時，駈馬王食自然粳米，安隱快樂，充滿諸根，再三唱曰：「誰欲渡彼岸？誰欲從我脫，誰欲使我將，從此安隱度至閻浮洲耶？」我等爾時即往彼所，而作是語：「我等欲得渡至彼岸，願脫我等，願將我等，從此安隱度至閻浮洲！」』

「於是駈馬王後十五日說從解脫時，食自然粳米，安隱快樂，充滿諸根，再三唱曰：『誰欲得度彼岸？我當脫彼，我當將彼，從此安隱度至閻浮洲。』時閻浮洲諸商人聞已，即便往詣駏馬王所，而作是語：『我等欲得度至彼岸，願脫我等，願將我等，從此安隱度至閻浮洲！』

「時駏馬王語曰：『商人！彼婦人等必當抱兒共相將來，而作是語：「諸賢！善來還此，此間極樂最妙好處，園觀浴池，坐臥處所，林木蓊欝，多有錢財，金銀、水精、琉璃、摩尼、真珠、碧玉、白珂、車璖、珊瑚、虎珀、馬瑙、玳瑁、赤石、旋珠，盡與諸賢，當與我等共相娛樂。設不用我者，當憐念兒子。」

「『若彼商人而作是念：我有男女，我有極樂最妙好處，園觀浴池，坐臥處所，林木蓊欝，我多有錢財，金銀、水精、琉璃、摩尼、真珠、碧玉、白珂、車璖、珊瑚、虎珀、馬瑙、玳瑁、赤石、旋珠者，彼雖騎我正當背中，彼必顛倒，落墮於水，便當為彼婦人所食，當遭逼迫。若食人時，有餘髮毛及爪齒者，彼婦人便當盡取食之。復次，若食人時，有血渧地，彼婦人等便以手爪掘地深四寸，取而食之。若彼商人不作是念：我有男女，我有極樂最妙好處，園觀浴池，坐臥處所，林木蓊欝，我多有錢財，金銀、水精、琉璃、摩尼、真珠、碧玉、白珂、車璖、珊瑚、虎珀、馬瑙、玳瑁、赤石、旋珠者，彼雖持我身上一毛，彼必安隱度至閻浮洲。』」

於是世尊告諸比丘：「彼婦人等抱兒子來，而作是語：『諸賢！

善來還此，此間極樂最妙好處，園觀浴池，坐臥處所，林木蓊欝，多有錢財、金銀、水精、琉璃、摩尼、真珠、碧玉、白珂、車璖、珊瑚、虎珀、馬瑙、玳瑁、赤石、旋珠，盡與諸賢，當與我等共相娛樂。』若彼商人而作是念：『我有男女，我有極樂最妙好處，園觀浴池，坐臥處所，林木蓊欝，我多有錢財，金銀、水精、琉璃、摩尼、真珠、碧玉、白珂、車璖、珊瑚、虎珀、馬瑙、玳瑁、赤石、旋珠者，彼雖得騎馲馬王脊正當背中，彼必顛倒，落墮於水，便當為彼婦人所食，當遭逼迫。若食人時，有餘髮毛及爪齒者，彼婦人等盡取食之。復次，食彼人時，有血渧地，彼婦人等便以手爪掘地深四寸，取而食之。若彼商人不作是念：我有男女，我有極樂最妙好處，園觀浴池，坐臥處所，林木蓊欝，我多有錢財，金銀、水精、琉璃、摩尼、真珠、碧玉、白珂、車璖、珊瑚、虎珀、馬瑙、玳瑁、赤石、旋珠者，彼雖持駐馬王一毛者，彼必安隱度至閻浮洲。

「諸比丘！我說此喻，欲令知義，此說是義。我法善說，發露極廣，善護無有空缺，如橋栰浮具，遍滿流布乃至天、人。如是我法善說，發露極廣，善護無有空缺，如橋栰浮具，遍滿流布乃至天、人，若有比丘作如是念：眼是我，我有眼；耳、鼻、舌、身、意是我，我有意者，彼比丘必被害，猶如商人為羅剎所食。我法善說，發露極廣，善護無有空缺，如橋栰浮具，遍滿流布乃至天、人。如是我法善說，發露極廣，善護無有空缺，如橋栰浮具，遍滿流布乃至天、人，若有比丘作如是念：眼非是我，我無有眼；耳、鼻、舌、身、意非是我，我無有意者，彼比丘得安隱去，猶如商人乘駝馬王安隱得度。

「我法善說，發露極廣，善護無有空缺，如橋栰浮具，遍滿流布乃至天、人。如是我法善說，發露極廣，善護無有空缺，如橋栰浮具，遍滿流布乃至天、人，若有比丘作如是念：色是我，我有色；聲、香、味、觸、法是我，我有法者，彼比丘必被害，猶如商人為羅剎所食。我法善說，發露極廣，善護無有空缺，如橋栰浮具，遍滿流布乃至天、人。如是我法善說，發露極廣，善護無有空缺，如橋栰浮具，遍滿流布乃至天、人，若有比丘如是念：色非是我，我無有色；聲、香、味、觸、法非是我，我無有法者，彼比丘得安隱去，猶如商人乘駝馬王安隱得度。

「我法善說，發露極廣，善護無有空缺，如橋栰浮具，遍滿流布乃至天、人。如是我法善說，發露極廣，善護無有空缺，如橋栰浮具，遍滿流布乃至天、人，若有比丘作如是念：色陰是我，我有色陰；覺、想、行、識陰是我，我有識陰者，彼比丘必被害，猶如商人為羅剎所食。我法善說，發露極廣，善護無有空缺，如橋栰浮具，遍滿流布乃至天、人。如是我法善說，發露極廣，善護無有空缺，如橋栰浮具，遍滿流布乃至天、人，若有比丘作如是念：色陰非是我，我無有色陰；覺、想、行、識陰非是我，我無有識陰者，彼比丘得安隱去，猶如商人乘駝馬王安隱得度。

「我法善說，發露極廣，善護無有空缺，如橋栰浮具，遍滿流布乃至天、人。如是我法善說，發露極廣，善護無有空缺，如橋栰浮具，遍滿流布乃至天、人，若有比丘作如是念：地是我，我有地；水、火、風、空、識是我，我有識者，彼比丘必被害，猶如商人為羅剎所食。我法善說，發露極廣，善護無有空缺，如橋栰浮具，遍滿流布乃至天、人。如是我法善說，發露極廣，善護無有空缺，如橋栰浮具，遍滿流布乃至天、人，若有比丘作如是念：地非是我，我無有地；水、火、風、空、識非是我，我無有識者，彼比丘得安隱去，猶如商人乘駈馬王安隱得度。」

於是世尊說此頌曰：

若有不信於，　佛說正法律，　彼人必被害，　如為羅剎食。
若人有信於，　佛說正法律，　彼得安隱度，　如乘駈馬王。

佛說如是，彼諸比丘聞佛所說，歡喜奉行。

商人求財經第二十竟四千二百七十三字

（一三七）中阿含大品世間經第二十一第三念誦

我聞如是：一時，佛遊舍衛國，在勝林給孤獨園。

爾時世尊告諸比丘：「如來自覺世間，亦為他說如來知世間；如來自覺世間習，亦為他說如來斷世間習；如來自覺世間滅，亦為他說如來世間滅作證；如來自覺世間道跡，亦為他說如來修世間道跡。若有一切盡普正有，彼一切如來知見覺得。所以者何？如來從昔夜覺無上正盡之覺，至于今日夜於無餘涅槃界當取滅訖，於其中間，若如來口有所言說、有所應對者，彼一切是真諦不虛，不離於如，亦非顛倒，真諦審實。若說師子者，當*知說如來。所以者何？如來在衆有所講說，謂師子吼。一切世間天及魔、梵、沙門、梵志，從人至天，如來是梵有，如來至冷有，無煩亦無熱，真諦不虛有。」

於是世尊說此頌曰：

知一切世間，　出一切世間，　說一切世間，　一切世如真。
彼最上尊雄，　能解一切縛，　得盡一切業，　生死悉解脫。
是天亦是人，　若有歸命佛，　稽首禮如來，　甚深極大海。

知已亦修敬，　諸天香音神，　彼亦稽首禮，　謂隨於死者。
稽首禮智士，　歸命人之上，　無憂離塵安，　無礙諸解脫。
是故當樂禪，　住遠離極定，　當自作燈明，　無我必失時，
失時有憂慼，　謂墮地獄中。

佛說如是，彼諸比丘聞佛所說，歡喜奉行。

世間經第二十一竟三百九十六字

（一三八）中阿含大品福經第二十二第三念誦

我聞如是：一時，佛遊舍衞國，在勝林給孤獨園。

爾時世尊告諸比丘：「莫畏於福，愛樂意所念。所以者何？福者

是說樂。畏於福，不愛樂意所念。所以者何？非福者是說苦。何以故？我憶往昔長夜作福，長夜受報，愛樂意所念。我往昔時七年行慈，七返成敗，不來此世。世敗壞時，生晃昱天；世成立時，來下生空梵宮殿中，於彼梵中作大梵天。餘處千返作自在天王，三十六返作天帝釋，復無量返作刹利頂生王。

「比丘！我作刹利頂生王時，有八萬四千大象被好乘具，衆寶挍飾白珠珞覆，于娑賀象王為首。比丘！我作刹利頂生王時，有八萬四千馬被好乘具，衆寶嚴飾金銀交絡，駈馬王為首。比丘！我作刹利頂生王時，有八萬四千車四種挍飾，莊以衆好，師子、虎豹斑文之皮織成雜色種種挍飾，極利疾名樂聲車為首。比丘！我作刹利頂生王時，有八萬四千大城，極大富樂，多有人民，拘舍𢡂提王城為首。比丘！我作剎利頂生王時，有八萬四千樓，四種寶樓：金、銀、琉璃及水精，正法殿為首。

「比丘！我作剎利頂生王時，有八萬四千御座，四種寶座：金、銀、琉璃及水精，敷以氍氀毾㲪，覆以錦綺羅縠，有*襯體被，兩頭安枕，加陵伽波𢡂羅波遮悉哆羅那。比丘！我作剎利頂生王時，有八萬四千雙衣，有初摩衣，有錦繒衣，有劫貝衣，有加陵伽波𢡂羅衣。比丘！我作剎利頂生王時，有八萬四千女，身體光澤皦潔明淨，美色過人，小不及天，*姿容端正覩者歡悅，眾寶瓔珞嚴飾具足，盡剎利種女，餘族無量。比丘！我作剎利頂生王時，有八萬四千種食，晝夜常供，為我故設，欲令我食。

「比丘！彼八萬四千種食中，有一種食，極美淨潔無量種味，是我常所食。比丘！彼八萬四千女中，有一刹利女，最端正姝妙，常奉侍我。比丘！彼八萬四千雙衣中，有一雙衣，或初摩衣，或錦繒衣，或劫貝衣，或加陵伽波惒邏衣，是我常所著。比丘！彼八萬四千御座中，有一御座，或金、或銀、或琉璃、或水精，敷以氍氀毾㲪，覆以錦綺羅穀，有*襯體被，兩頭安枕，加陵伽波惒邏波遮悉哆邏那，是我常所臥。

「比丘！彼八萬四千樓觀中，有一樓觀，或金、或銀、或琉璃、或水精，名正法殿，是我常所住。比丘！彼八萬四千大城中，有一城極大富樂，多有人民，名拘舍积提，是我常所居。比丘！彼八萬四千車中，而有一車莊以衆好，師子、虎豹斑文之皮織成雜色種種莊飾，極利疾名樂聲車，是我常所載至觀望園觀。比丘！彼八萬四千馬中，而有一馬體紺青色，頭像如烏，名駐馬王，是我常所騎至觀望園觀。比丘！彼八萬四千大象中，而有一象舉體極白，七支盡正，名于娑賀象王，是我常所乘至觀望園觀。

「比丘！我作此念：『是何業果？為何業報？令我今日有大如意足、有大威德、有大福祐、有大威神？』比丘！我復作此念：『是三業果，為三業報，令我今日有大如意足、有大威德、有大福祐、有大威神：一者、布施，二者、調御，三者、守護。』」

於是世尊說此頌曰：

觀此福之報，妙善多饒益。比丘我在昔，七年修慈心，
七反成敗劫，不來還此世。世間敗壞時，生於晃昱天；
世間轉成時，生於梵天中。在梵為大梵，千生自在天，
三十六為釋，無量百頂王。剎利頂生王，為人之最尊，
如法非刀杖，政御於天下。如法不加枉，正安樂教授，
如法轉相傳，遍一切大地。大富多錢財，生於如是族，
財穀具足滿，成就七寶珍。因此大福祐，所生得自在，
諸佛御於世，彼佛之所說。知此甚奇特，見神通不少，
誰知而不信，如是生於冥。是故當自為，欲求大福祐，

當恭敬於法，　常念佛法律。

佛說如是，彼諸比丘聞佛所說，歡喜奉行。

福經二十二竟一千一百五十四字

(一三九)中阿含大品息止道經第二十三第三念誦

我聞如是：一時，佛遊舍衞國，在勝林給孤獨園。

爾時世尊告諸比丘：「年少比丘始成就戒，當以數數詣息止道觀相：骨相、青相、腐相、食相、骨鏁相。彼善受善持此相已，還至住處，澡洗手足，敷尼師檀，在於床上結*跏趺坐，即念此相：骨相、青相、腐相、食相、骨鏁相。所以者何？若彼比丘修習此相，速除心中欲恚之病。」

於是世尊說此頌曰：

若年少比丘，*學未得*止意，當詣息止道，欲除其婬欲。
心中無恚諍，慈愍於衆生，遍滿一切方，往至觀諸身。
當觀於青相，及以爛腐壞，觀烏蟲所食，骨骨節相連。
修習如是相，還歸至本處，澡洗於手足，敷床正基坐。
當以觀真實，內身及外身，盛滿大小便，心腎肝肺等。
若欲分衛食，到人村邑間，如將鎧纏絡，常正念在前。
若見色可愛，清淨欲相應，見已觀如真，正念佛法律。
此中無骨筋，無肉亦無血，無腎心肝肺，無有涕唾腦。

一切地皆空，　水種亦復然，　空一切火種，　風種亦復空。
若所有諸覺，　清淨欲相應，　彼一切息止，　如慧之所觀。
如是行精懃，　常念不淨想，　永斷婬恚癡，　除一切無明；
興起清淨明，　比丘得苦邊。

佛說如是，彼諸比丘聞佛所說，歡喜奉行。

息止道經第二十三竟（三百七十二字）

（一四〇）中阿含大品至邊經第二十四（第三念誦）

我聞如是：一時，佛遊舍衛國，在勝林給孤獨園。

爾時世尊告諸比丘：「於生活中下極至邊，謂行乞食。世間大諱，謂為禿頭手擎鉢行，彼族姓子為義故受。所以者何？以厭患生老病死、愁慼啼哭、憂苦懊惱，或得此淳具足大苦陰邊。汝等非如是心出家學道耶？」

時諸比丘白曰：「如是。」

世尊復告諸比丘曰：「彼愚癡人以如是心出家學道，而行伺欲染著至重，濁纏心中，憎嫉無信，懈怠失正念，無正定，惡慧心狂，調亂諸根，持戒極寬，不修沙門，不增廣行。猶人以墨浣墨所污，以血除血，以垢除垢，以濁除濁，以厠除厠，但增其穢，從冥入冥，從闇入闇。我說彼愚癡人持沙門戒亦復如是，謂彼人⊙行伺欲染著至重，濁纏心中，憎嫉無信，懈怠失正念，無正定，惡慧心狂，調亂諸根，持戒極寬，不修沙門，不增廣行。猶無事處燒人殘木，彼火爐者，非無事所用，亦非村邑所用。我說彼愚癡人持沙門戒亦復如是，謂彼人行伺欲染著至重，濁纏心中，憎嫉無信，懈怠失正念，無正定，惡慧心狂，調亂諸根，持戒極寬，不修沙門，不增廣行。」

於是世尊說此頌曰：

愚癡失欲樂，　復失沙門義，　俱忘失二邊，　猶燒殘火爐。
猶如無事處，　燒人殘火爐，　無事村不用。　人著欲亦然，
猶燒殘火爐，　俱忘失二邊。

佛說如是，彼諸比丘聞佛所說，歡喜奉行。

至邊經第二十四竟四百二十二字

（一四一）中阿含大品喻經第二十五第三念誦

我聞如是：一時，佛遊舍衛國，在勝林給孤獨園。

爾時世尊告諸比丘：「若有無量善法可得，彼一切以不放逸為本，不放逸為習，因不放逸生，不放逸為首。不放逸者，於諸善法為最第一。

「猶作田業，彼一切因地、依地、立地，得作田業。如是若有無量善法可得，彼一切以不放逸為本，不放逸為習，因不放逸生，不放逸為首。不放逸者，於諸善法為最第一。猶種子，村及與鬼村，百穀藥木得生長養，彼一切因地、依地、立地，得生長養。如是若有無量善法可得，彼一切以不放逸為本，不放逸為習，因不放逸生，不放逸為首。不放逸者，於諸善法為最第一。

「猶諸根香，沈香為第一。猶諸樹香，赤栴檀為第一。猶諸水華，青蓮華為第一。猶諸陸華，須摩那華為第一。猶諸獸跡，彼一切悉入象跡中，象跡盡攝，彼象跡者為最第一，謂廣*大故。如是若有無量善法可得，彼一切以不放逸為本，不放逸為習，因不放逸生，不放逸為首。不放逸者，於諸善法為最第一。猶諸獸中，彼師子王為最第一。猶如列陣共鬪戰時，唯要誓為第一。猶樓觀椽，彼一切皆依承椽梁立，承椽梁、承椽梁皆攝持之，承椽梁者為最第一，謂盡攝故。如是，若有無量善法可得，彼一切以不放逸為本，不放逸為習，因不放逸生，不放逸為首。不放逸者，於諸善法為最第一。

「猶如諸山，須彌山王為第一。猶如諸泉，大泉攝水，大海為第一。猶諸大身，阿須羅王為第一。猶諸瞻侍，魔王為第一。猶諸行欲，頂生王為第一。猶如諸小王，轉輪王為第一。猶如虛空諸星，宿月殿為第一。猶諸綵衣，白練為第一。猶諸光明，慧光明為第一。猶如諸眾，如來弟子眾⊙為第一。猶如諸法，有為及無為，愛盡、無欲、滅盡、涅槃為第一。猶諸眾生，無足、二足、四足、多足，色、無色，有想、無想乃至非有想非無想，如來於彼為極第一，為大為上，為最為勝，為尊為妙。猶如因牛有乳，因乳有酪，因酪有生酥，因生酥有熟酥，因熟酥有酥精，酥精為第一，為大為上，為最為勝，為尊為妙。如是若有諸衆生，無足、二足、四足、多足，色、無色，有想、無想乃至非有想非無想，如來於彼為極第一，為大為上，為最為勝，為尊為妙。」

於是世尊說此頌曰：

若有求財物，極好轉增多，稱譽不放逸，事無事慧說。
有不放逸者，必取二俱義，即此世能獲，後世亦復得。
雄猛觀諸義，慧者必解脫。

佛說如是，彼諸比丘聞佛所說，歡喜奉行。

喻經第二十五竟七百七十一字

中阿含經卷第三十四七千三百八十八字

中阿含經大品第一竟五萬三百六十九字

中阿含經卷第三十五

東晉罽賓三藏瞿曇僧伽提婆譯

梵志品第十二（有一十經）　第三念誦

雨勢、歌羅、數，瞿默、象跡喻，
聞德、何苦、欲，鬱瘦、阿攝惒。

（一四二）中阿含梵志品雨勢經第一

我聞如是：一時，佛遊王舍城，在鷲巖山中。

爾時摩竭陀王未生怨鞞陀提子，與跋耆相憎，常在眷屬數作是說：「跋耆國人有大如意足、有大威德、有大福祐、有大威神，我當斷滅跋耆人種，破壞跋耆，令跋耆人遭無量厄。」

於是摩竭陀王未生怨鞞陀提子，聞世尊遊王舍城在鷲巖山中，便告大臣雨勢曰：「我聞沙門瞿曇遊王舍城，在鷲巖山中。雨勢！汝往至沙門瞿曇所，汝持我名問訊：聖體安快無病，氣力如常耶？當作是語：『瞿曇！摩竭陀王未生怨鞞陀提子問訊：聖體安快無病，氣力如常耶？瞿曇！摩竭陀王未生怨鞞陀提子，與跋耆相憎，常在眷屬數作是說：「跋耆國人有大如意足、有大威德、有大福祐、有大威神，我當斷滅跋耆人種，破壞跋耆，令跋耆人遭無量厄。」沙門瞿曇當何所說？』雨勢！若沙門瞿曇有所說者，汝善受持。所以者何？如是之人，終不妄說。」

大臣雨勢受王教已，乘最好乘，與五百乘俱出王舍城，即便往詣鷲巖山中。登鷲巖山，下車步進往詣佛所，便與世尊共相問訊，却坐一面，白曰：「瞿曇！摩竭陀王未生怨鞞陀提子問訊：聖體安快無病，氣力如常耶？瞿曇！摩竭陀王未生怨鞞陀提子，與跋耆相憎，常在眷屬數作是說：『跋耆國人有大如意足、有大威德、有大福祐、有大威神，我當斷滅跋耆人種，破壞跋耆，令跋耆人遭無量厄。』沙門瞿曇當何所說？」

世尊聞已，告曰：「雨勢！我昔曾遊於跋耆國，彼國有寺名遮和邏。雨勢！爾時我為跋耆國人說七不衰法，跋耆國人則能受行七不衰法。雨勢！若跋耆國人行七不衰法而不犯者，跋耆必勝，則為不衰。」

大臣雨勢白世尊曰：「沙門瞿曇略說此事不廣分別，我等不能得解此義；願沙門瞿曇廣分別說，當令我等得知此義。」

世尊告曰：「雨勢！諦聽！善思念之，我當為汝廣說此義。」

大臣雨勢受教而聽。是時尊者阿難執拂侍佛，世尊迴顧問曰：「阿難！頗聞跋耆數數集會、多聚集耶？」

尊者阿難白曰：「世尊！我聞跋耆數數集會、多聚集也。」

世尊即告大臣雨勢：「若彼跋耆數數集會、多聚集者，跋耆必勝，則為不衰。」

世尊復問尊者阿難：「頗聞跋耆共俱集會，俱作跋耆事，共俱起耶？」

尊者阿難白曰：「世尊！我聞跋耆共俱集會，俱作跋耆事，共俱起也。」

世尊復告大臣雨勢：「若彼跋耆共俱集會，俱作跋耆事，共俱起者，跋耆必勝，則為不衰。」

世尊復問尊者阿難：「頗聞跋耆未施設者不更施設，本所施設而不改易，舊跋耆法善奉行耶？」

尊者阿難白曰：「世尊！我聞跋耆未施設者不更施設，本所施設而不改易，舊跋者法善奉行也。」

世尊復告大臣雨勢：「若彼跋耆未施設者不更施設，本所施設而不改易，舊跋耆法善奉行者，跋耆必勝，則為不衰。」

世尊復問尊者阿難：「頗聞跋耆不以力勢而犯他婦、他童女耶？」

尊者阿難白曰：「世尊！我聞跋耆不以力勢而犯他婦、他童女也。」

世尊復告大臣雨勢：「若彼跋耆不以力勢而犯他婦、他童女者，跋耆必勝，則為不衰。」

世尊復問尊者阿難：「頗聞跋耆有名德尊重者，跋耆悉共宗敬、恭奉、供養，於彼聞教則受耶？」

尊者阿難白曰：「世尊！我聞跋耆有名德尊重者，跋耆悉共宗敬、恭奉、供養，於彼聞教則受。」

世尊復告大臣雨勢：「若彼跋耆有名德尊重者，跋耆悉共宗敬、恭奉、供養，於彼聞教則受者，跋耆必勝，則為不衰。」

世尊復問尊者阿難：「頗聞跋耆所有舊寺，跋耆悉共修飾、遵奉、供養、禮事，本之所施常作不廢，本之所為不減損耶？」

尊者阿難白曰：「世尊！我聞跋耆所有舊寺，跋耆悉共修飾、遵奉、供養、禮事，本之所施常作不廢，本之所為不減損也。」

世尊復告大臣雨勢：「若彼跋耆所有舊寺，跋耆悉共修飾、遵奉、供養、禮事，本之所施常作不廢，本之所為不減損者，跋耆必勝，則為不衰。」

世尊復問尊者阿難：「頗聞跋耆悉共擁護諸阿羅訶，極大愛敬，常願未來阿羅訶者而欲令來，既已來者樂恒久住，常使不乏衣被、飲食、床榻、湯藥、諸生活具耶？」

尊者阿難白曰：「世尊！我聞跋耆悉共擁護諸阿羅訶，極大愛敬，常願未來阿羅訶者而欲令來，既已來者樂恒久住，常使不乏衣被、飲食、床榻、湯藥、諸生活具。」

世尊復告大臣雨勢：「若彼跋耆悉共擁護諸阿羅訶，極大愛敬，常願未來阿羅訶者而欲令來，既已來者樂恒久住，常使不乏衣被、飲食、床榻、湯藥、諸生活具者，跋耆必勝，則為不衰。

「雨勢！跋耆行此七不衰法，諸受持此七不衰法者，跋耆必勝，則為不衰。」

於是大臣雨勢即從坐起，偏袒著衣，叉手向佛白曰：「瞿曇！設彼跋耆成就一不衰法者，摩竭陀王未生怨鞞陀提子不能伏彼，況復具七不衰法耶？瞿曇！我國事多，請退還歸。」

世尊報曰：「欲去隨意！」

於是大臣雨勢聞佛所說，則善受持，起繞世尊三匝而去。

大臣雨勢去後不久，於是世尊迴顧告曰：「阿難！若有比丘依鷲巖山處處住者，宣令一切盡集講堂，一切集已，便來白我。」

尊者阿難即受佛教：「唯然，世尊！」

是時尊者阿難便行宣令：「若有比丘依鷲巖山處處住者，今令一切盡集講堂。」

一切集已，還詣佛所，稽首作禮，却住一面，白曰：「世尊！我已宣令：『若有比丘依鷲巖山處處住者，悉令一切盡集講堂。』今皆已集，唯願世尊自知其時！」

於是世尊將尊者阿難往詣講堂，於比丘眾前敷座而坐，告諸比丘：「今為汝說七不衰法，汝等諦聽！善思念之。」

時諸比丘白曰：「唯然。」

佛言：「云何為七？若比丘數數集會、多聚集者，比丘必勝，則法不衰。若比丘共齊集會，俱作眾事，共俱起者，比丘必勝，則法不衰。若比丘未施設事不更施設，本所施設而不改易，我所說戒善奉行者，比丘必勝，則法不衰。若比丘此未來有愛，喜欲共俱，愛樂彼彼，有起不隨者，比丘必勝，則法不衰。若比丘有長老上尊俱學梵行，比丘悉共宗敬、恭奉、供養，於彼聞教則受者，比丘必勝，則法不衰。若比丘有無事處山林高巖，閑居靜處，寂無音聲，遠離、無惡，無有人民，隨順宴坐，樂住不離者，比丘必勝，則法不衰。若比丘悉共擁護諸梵行者，至重愛敬，常願未來諸梵行者而欲令來，既已來者樂恒久住，常使不乏衣被、飲食、床榻、湯藥、諸生活具者，比丘必勝，則法不衰。若比丘行此七不衰法，受持不犯者，比丘必勝，則法不衰。」

於是世尊復告諸比丘曰：「我為汝等更說七不衰法，汝等諦聽！

善思念之。」

時諸比丘白曰：「唯然。」

佛言：「云何為七？若比丘尊師，恭敬極重供養、奉事者，比丘必勝，則法不衰。若比丘法、眾戒、不放逸、供、給、定，恭敬極重供養、奉事者，比丘必勝，則法不衰。若比丘行此七不衰法，受持不犯者，比丘必勝，則法不衰。」

世尊復告諸比丘曰：「我為汝等更說七不衰法，汝等諦聽！善思念之。」

時諸比丘白曰：「唯然。」

佛言：「云何為七？若比丘不行於業，不樂於業，不習業者，比丘必勝，則法不衰。不行諍說，不樂諍說，不習諍說者；不行聚會，不樂聚會，不習聚會者；不行雜合，不樂雜合，不習雜合者；不行睡眠，不樂睡眠，不習睡眠者；不為利，不為譽，不為他人行梵行者；不為暫爾，不為德勝，於其中間捨方便令德勝者，比丘必勝，則法不衰。若比丘行此七不衰法，受持不犯者，比丘必勝，則法不衰。」

世尊復告諸比丘曰：「我為汝等更說七不衰法，汝等諦聽！善思念之。」

時諸比丘白曰：「唯然。」

佛言：「云何為七？若比丘成就信財、戒財、慚財、愧財、博聞財、施財，成就慧財者，比丘必勝，則法不衰。若比丘行此七不衰法，受持不犯者，比丘必勝，則法不衰。」
世尊復告諸比丘曰：「我為汝等更說七不衰法，汝等諦聽！善思念之。」
時諸比丘白曰：「唯然。」
佛言：「云何為七？若比丘成就信力、精進力、慚力、愧力、念力、定力，成就慧力者，比丘必勝，則法不衰。若比丘行此七不衰法，受持不犯者，比丘必勝，則法不衰。」
世尊復告諸比丘曰：「我為汝等更說七不衰法，汝等諦聽！善思念之。」
時諸比丘白曰：「唯然。」

佛言：「云何為七？若比丘修念覺支，依捨離、依無欲、依滅盡，趣向出要；擇法、精進、喜、息、定，修捨覺支，依捨離、依無欲、依滅盡，趣向出要者，比丘必勝，則法不衰。若比丘行此七不衰法，受持不犯者，比丘必勝，則法不衰。」

世尊復告諸比丘曰：「我為汝等更說七不衰法，汝等諦聽！善思念之。」

時諸比丘白曰：「唯然。」

佛言：「云何為七？若比丘應與面前律與面前律，應與憶律與憶律，應與不癡律與不癡律，應與自發露與自發露，應與居與居，應與展轉與展轉，衆中起諍當以如棄糞掃止諍法止之者，比丘必勝，則法不衰。若比丘行此七不衰法，受持不犯者，比丘必勝，則法不衰。」

世尊復告諸比丘曰：「今為汝等說六慰勞法，汝等諦聽！善思念之。」

時諸比丘白曰：「唯然。」

佛言：「云何為六？以慈身業向諸梵行，是慰勞法，愛法樂法，令愛令重，令奉令敬，令修令攝，得沙門，得一心，得精進，得涅槃。如是慈口業、慈意業。若有法利，如法得利，自所飯食，至在鉢中；如是利分，布施諸梵行，是慰勞法，愛法樂法，令愛令重，令奉令敬，令修令攝，得沙門，得一心，得精進，得涅槃。若有戒不缺、不穿、無穢、無黑，如地不隨他，聖所稱譽，具善受持；如是戒分，布施諸梵行，是慰勞法，愛法樂法，令愛令重，令奉令敬，令修令攝，得沙門，得一心，得精進，得涅槃。若有見是聖出要，明了深達，能正盡苦；如是見分，布施諸梵行，是慰勞法，愛法樂法，令愛令重，令奉令敬，令修令攝，得沙門，得一心，得精進，得涅槃。我向所言六慰勞法者，因此故說。」

佛說如是，彼諸比丘聞佛所說，歡喜奉行。

雨勢經第一竟三千七字

(一四三)中阿含梵志品傷歌邏經第二第三念誦

我聞如是：一時，佛遊舍衞國，在勝林給孤獨園。

爾時傷歌邏摩納中後彷徉，往詣佛所，共相問訊，却坐一面，白曰：「瞿曇！我欲有所問，聽乃敢陳。」

世尊告曰：「摩納！若有疑者，恣汝所問。」

傷歌邏摩納即便問曰：「瞿曇！梵志如法行乞財物，或自作齋，或教作齋；瞿曇！若自作齋、教作齋者，彼一切行無量福跡，以因齋故。沙門瞿曇弟子隨族剃除鬚髮，著袈裟衣，至信捨家無家學道，自調御，自息止，自滅訖；如是沙門瞿曇弟子隨族行一福跡，不行無量福跡，因學道故。」

爾時尊者阿難執拂侍佛，於是尊者阿難問曰：「摩納！此二道跡，何者最上、最妙、最勝耶？」

傷歌邏摩納語曰：「阿難！沙門瞿曇及阿難，我俱恭敬、尊重、奉祠。」

尊者阿難復語曰：「摩納！我不問汝恭敬、尊重、奉祠誰！我但問汝此二道跡，何者最上、最妙、最勝耶？」

尊者阿難至再三問曰：「摩納！此二道跡，何者最上、最妙、最勝耶？」

傷歌邏摩納亦再三語曰：「阿難！沙門瞿曇及阿難，我俱恭敬、尊重、奉祠。」

尊者阿難復語曰：「摩納！我不問汝恭敬、尊重、奉祠誰！我但問汝此二道跡，何者最上、最妙、最勝耶？」

於是世尊便作是念：「此傷歌邏摩納為阿難所屈，我寧可救彼。」

世尊知已，告曰：「摩納！昔日王及群臣普集大會，共論何事？以何事故共集會耶？」

傷歌邏摩納答曰：「瞿曇！昔日王及群臣普集大會，共論如此事：『何因何緣昔沙門瞿曇施設少戒，然諸比丘多得道者？何因何緣今沙門瞿曇施設多戒，然諸比丘少得道耶？』瞿曇！昔日王及群臣普集大會，共論此事，以此事故共集會耳！」

爾時世尊告曰：「摩納！我今問汝，隨所解答。於意云何？若使有一沙門梵志自行如是道、如是跡，行此道、行此跡已，諸漏已盡，得無漏心解脫、慧解脫，自知自覺自作證成就遊：生已盡，梵行已立，所作已辦，不更受有，知如真。彼為他說：『我自行如是道、如是跡，行此道、行此跡已，諸漏已盡，得無漏心解脫、慧解脫，自知自覺自作證成就遊：生已盡，梵行已立，所作已辦，不更受有，知如真。汝等共來，亦自行如是道、如是跡，行此道、行此跡已，諸漏已盡，得無漏心解脫、慧解脫，自知自覺自作證成就遊：生已盡，梵行已立，所作已辦，不更受有，知如真。』彼亦自行如是道、如是跡，行此道、行此跡已，諸漏已盡，得無漏心解脫、慧解脫，自知自覺自作證成就遊：生已盡，梵行已立，所作已辦，不更受有，知如真。彼為他說，他為他說，如是展轉無量百千。於摩納意云何？我弟子隨族剃除鬚髮，著袈裟衣，至信捨家無家學道，行一福跡，不行無量福跡，因學道故耶？」

傷歌邏摩納答曰：「瞿曇！如我解沙門瞿曇所說義，彼沙門瞿曇弟子隨族剃除鬚髮，著袈裟衣，至信捨家無家學道，行無量福跡，不行一福跡，因學道故。」

世尊復告傷歌邏曰：「有三示現：如意足示現、占念示現、教訓示現。摩納！云何如意足示現？有一沙門梵志有大如意足、有大威德、有大福祐、有大威神，於如意足心得自在，行無量如意足之功德。謂分一為衆，合衆為一，一則住一，有知有見；不礙石壁，猶如行空；沒地如水，*履水如地；結*跏趺坐，上昇虛空，猶如鳥翔。今此日月有大如意足、有大威德、有大福祐、有大威神，以手捫摸，身至梵天。摩納！是謂如意足示現。

「摩納！云何占念示現？有一沙門梵志，以他相占他意，有是意、如是意、實有是意；無量占、不少占，彼一切真諦而無有虛設。不以他相占他意者，但以聞天聲及非人聲而占他意，有是意、如是意、實有是意；無量占、不少占，彼一切真諦而無有虛設。不以他相占他意，亦不聞天聲及非人聲占他意者，但以他念、他思、他說聞聲已占他意，有是意、如是意、實有是意；無量占、不少占，彼一切真諦而無有虛設。不以他相占他意，亦不以聞天聲及非人聲占他意，亦不以他念、他思、他說聞聲已占他意者，但以見他入無覺無觀定，見已作是念：『如此賢者不念不思，如意所願，彼賢者從此定寤如是念。』

彼從此定寤即如是如是念。彼亦占過去，亦占未來，亦占現在，久所作、久所說；亦占安靜處，住安靜處；亦占至心、心所有法。摩納！是謂占念示現。

「摩納！云何教訓示現？有一沙門梵志自行如是道、如是跡，行此道、行此跡已，諸漏已盡，得無漏心解脫、慧解脫，自知自覺自作證成就遊：生已盡，梵行已立，所作已辦，不更受有，知如真。彼為他說：『我自行如是道、如是跡，行此道、行此跡已，諸漏已盡，得無漏心解脫、慧解脫，自知自覺自作證成就遊：生已盡，梵行已立，所作已辦，不更受有，知如真。汝等共來，亦自行如是道、如是跡，行此道、行此跡已，諸漏已盡，得無漏心解脫、慧解脫，自知自覺自作證成就遊：生已盡，梵行已立，所作已辦，不更受有，知如真。』彼亦自行如是道、如是跡，行此道、行此跡已，諸漏已盡，得無漏心解脫、慧解脫，自知自覺自作證成就遊：生已盡，梵行已立，所作已辦，不更受有，知如真。彼為他說，他為他說，如是展轉無量百千。摩納！是謂教訓示現。此三示現，何者示現最上、最妙、最勝耶？」

傷歌邏摩納答曰：「瞿曇！若有沙門梵志有大如意足、有大威德、有大福祐、有大威神，於如意足心得自在，乃及身至梵天者，瞿曇！此自作自有，自受其報。瞿曇！於諸示現，此示現大法。瞿曇！若有沙門梵志，以他相占他意乃至占心、心所有法者，瞿曇！此亦自作自有，自受其報。瞿曇！於諸示現，此亦示現大法。瞿曇！若有沙門梵志自行如是道、如是跡，行此道、行此跡已，諸漏已盡，得無漏心解脫、慧解脫，自知自覺自作證成就遊：生已盡，梵行已立，所作已辦，不更受有，知如真。彼為他說，他為他說，如是展轉無量百千者，瞿曇！於三示現，此示現最上、最妙、最勝。」

世尊復問傷歌邏曰：「於三示現，稱歎何示現？」

傷歌邏摩納答曰：「瞿曇！於三示現，我稱說沙門瞿曇。所以者何？沙門瞿曇有大如意足、有大威德、有大福祐、有大威神，心得自在，乃及身至梵天。沙門瞿曇以他相占他意，乃至占心、心所有法。沙門瞿曇示現如是道、如是跡，行此道、行此跡已，諸漏已盡，得無漏心解脫、慧解脫，自知自覺自作證成就遊：生已盡，梵行已立，所作已辦，不更受有，知如真。沙門瞿曇為他說，他為他說，如是展轉無量百千。瞿曇！是故於三示現，我稱歎沙門瞿曇。」

於是世尊告曰：「摩納！汝善達此論。所以者何？我有大如意足、有大威德、有大福祐、有大威神，於如意足心得自在，乃及身至梵天。摩納！我以他相占他意，乃至占心、心所有法。摩納！我自行如是道、如是跡，行此道、行此跡已，諸漏已盡，得無漏心解脫、慧解脫，自知自覺自作證成就遊：生已盡，梵行已立，所作已辦，不更受有，知如真。我為他說，他為他說，如是展轉無量百千。摩納！是故汝善達此論，汝當如是善受善持。所以者何？此所說義，應當如是。」

於是傷歌邏摩納白曰：「世尊！我已知。善逝！我已解。世尊！

我今自歸於佛、法及比丘眾，唯願世尊受我為優婆塞！從今日始，終身自歸乃至命盡。」

佛說如是，傷歌邏摩納、尊者阿難及諸比丘聞佛所*說，歡喜奉行。

傷歌邏經第二竟二千二百五十二字

（一四四）中阿含梵志品算數目揵連經第三第三念誦

我聞如是：一時，佛遊舍衛國，在東園鹿子母堂。

爾時算數梵志目揵連，中後彷徉，往詣佛所，共相問訊，却坐一面，白曰：「瞿曇！我欲有所問，聽乃敢陳。」

世尊告曰：「目揵連！恣汝所問，莫自疑難。」

算數目揵連則便問曰：「瞿曇！此鹿子母堂漸次第作，轉後成訖。瞿曇！此鹿子母堂梯，初昇一隥，後二、三、四。瞿曇！如是此鹿子母堂漸次第上。瞿曇！此御象者，亦漸次第調御成訖，謂因鉤故。瞿曇！此御馬者，亦漸次第調御成訖，謂因鞍故。瞿曇！此剎利亦漸次第至成就訖，謂因捉弓箭故。瞿曇！此諸梵志亦漸次第至成就訖，謂因學經書故。瞿曇！我等學算數，以算數存命，亦漸次第至成就訖。若有弟子或男或女，始教一一數，二、二、三、三，十、百、千、萬，次第至上。瞿曇！如是我等學算數，以算數存命，漸次第至成訖。沙門瞿曇！此法律中云何漸次第作至成就訖？」

世尊告曰：「目揵連！若有正說，漸次第作乃至成訖，目揵連！我法律中調正說。所以者何？目揵連！我於此法律漸次第作至成就訖。目揵連！若年少比丘初來學道，始入法律者，如來先教：『比丘！汝來身護命清淨，口、意護命清淨。』目揵連！若比丘身護命清淨，口、意護命清淨者，如來復上教：『比丘！汝來觀內身如身，至觀覺、心、法如法。』目揵連！若比丘觀內身如身，至觀覺、心、法如法者，如來復上教：『比丘！汝來觀內身如身，莫念欲相應念；至觀覺、心、法如法，莫念非法相應念。』

「目揵連！若比丘觀內身如身，不念欲相應念；至觀覺、心、法如法，不念非法相應念者，如來復上教：『比丘！汝來守護諸根，常念閉塞，念欲明達，守護念心而得成就，恒起正知。若眼見色，然不受相，亦不味色，謂忿諍故，守護眼根。心中不生貪伺、憂慼、惡不善法，趣向彼故，守護眼根。如是耳、鼻、舌、身，若意知法，然不受相，亦不味法，謂忿諍故，守護意根。心中不生貪伺、憂慼、惡不善法，趣向彼故，守護意根。』

「目揵連！若比丘守護諸根，常念閉塞，念欲明達，守護念心而得成就，恒起正知。若眼見色，然不受相，亦不味色，謂忿諍故，守護眼根。心中不生貪伺、憂慼、惡不善法，趣向彼故，守護眼根。如是耳、鼻、舌、身，若意知法，然不受相，亦不味法，謂*忿諍故，守護意根。心中不生貪伺、憂慼、惡不善法，趣向彼故，守護意根者，如來復上教：『比丘！汝來正知出入，善觀分別，屈伸低仰儀容庠序，善著僧伽梨及諸衣鉢，行住坐臥、眠寤語默皆正知之。』

「目揵連！若比丘正知出入，善觀分別，屈伸低仰儀容庠序，善著僧伽梨及諸衣鉢，行住坐臥、眠寤語默皆正知者，如來復上教：『比丘！汝來獨住遠離，在無事處，或至樹下空安靜處，山巖石室、露地穰積，或至林中，或住在塚間。汝已在無事處，或至樹下空安靜處，敷尼師檀結*跏趺坐，正身正願*反念不向，斷除貪伺，心無有諍。見他財物、諸生活具莫起貪伺，欲令我得，汝於貪伺淨除其心。如是瞋恚、睡眠、調悔，斷疑度惑，於諸善法無有猶豫，汝於疑惑淨除其心。汝斷此五蓋、心穢、慧羸，離欲、離惡不善之法，至得第四禪成就遊。』目揵連！若比丘離欲、離惡不善之法，至得第四禪成就遊者，目揵連！如來為諸年少比丘多有所益，謂訓誨教訶。目揵連！若有比丘長老、上尊、舊學梵行，如來復上教，謂究竟訖一切漏盡。」

算數目揵連即復問曰：「沙門瞿曇！一切弟子如是訓誨、如是教訶，盡得究竟智，必涅槃耶？」

世尊答曰：「目揵連！不一向得，或有得者，或不得者。」

算數目揵連復更問曰：「瞿曇！此中何因何緣有涅槃、有涅槃道，沙門瞿曇現在導師，或有比丘如是訓誨、如是教訶，得究竟涅槃，或復不得耶？」

世尊告曰：「目揵連！我還問汝，隨所解答。目揵連！於意云何

?汝知王舍城處，*諳彼道耶?」
算數目揵連答曰：「唯然，我知王舍城處，亦諳彼道。」
世尊問曰：「目揵連！若有人來欲見彼王，至王舍城，其人問汝：『我欲見王，至王舍城。算數目揵連知王舍城處，*諳彼道徑，可示語我耶?』汝告彼人曰：『從此東行至彼某村，從某村去當至某邑，如是展轉至王舍城。若王舍城外有好園林，其地平正，樓觀浴池若干華樹，*狹長流河又有清泉，盡見盡知。』彼人聞汝語、受汝教已，從此東行，須臾不久便捨正道，從惡道還。若王舍城外有好園林，其地平正，樓觀浴池若干華樹，*狹長流河又有清泉，彼盡不見亦不知也。

「復有人來欲見彼王，至王舍城，其人問汝：『我欲見王，至王舍城。算數目揵連知王舍城處，諳彼道徑，可示語我耶？』汝告彼人曰：『從此東行至彼某村，從某村去當至某邑，如是展轉至王舍城。若王舍城外有好園林，其地平正，樓觀浴池若干華樹，*狹長流河又有清泉，盡見盡知。』彼人聞汝語、受汝教已，即從此東行至彼某村，從某村去得至某邑，如是展轉至王舍城。若王舍城外有好園林，其地平正，樓觀浴池若干華樹，*狹長流河又有清泉，盡見盡知。

「目揵連！此中何因何緣？有彼王舍城，有王舍城道，汝現在導師。彼第一人隨受汝教，於後不久捨平正道，從惡道還。若王舍城外有好園林，其地平正，樓觀浴池若干華樹，*狹長流河又有清泉，彼盡不見亦不知耶？彼第二人隨受汝教，從平正道，展轉得至於王舍城。若王舍城外有好園林，其地平正，樓觀浴池若干華樹，*狹長流河又有清泉，彼盡見盡知耶？」

算數目揵連答曰：「瞿曇！我都無事。有彼王舍城，有王舍城道，我現在導師。彼第一人不隨我教，捨平正道，從惡道還。若王舍城外有好園林，其地平正，樓觀浴池若干華樹，*狹長流河又有清泉，彼盡不見亦不知*耳。彼第二人隨順我教，從平正道，展轉得至於王舍城。若王舍城外有好園林，其地平正，樓觀浴池若干華樹，*狹長流河又有清泉，彼盡見盡知*耳。」

世尊告曰：「如是，目揵連！我亦無事。有彼涅槃，有涅槃道，我為導師，為諸比丘如是訓誨、如是教訶，得究竟涅槃，或有不得。目揵連！但各自隨比丘所行，爾時世尊便記彼行，謂究竟漏盡耳。」

算數目揵連白曰：「瞿曇！我已知。瞿曇！我已解。瞿曇！猶如良地有娑羅林，彼中有守娑羅林人，明健不懈。諸娑羅根以時鋤掘，平高填下，糞沃溉灌，不失其時。若其邊有穢惡草生，盡拔棄之。若有橫曲不調直者，盡剗治之。若有極好中直樹者，便權養護。隨時鋤掘，糞沃溉灌，不失其時。如是良地娑羅樹林轉茂盛好。瞿曇！如是有人諛諂欺誑，極不庶幾，無信懈怠，無念無定，惡慧心狂，諸根掉亂，持戒寬緩，不廣修沙門，瞿曇！如是之人不能共事。所以者何？瞿曇！如是人者穢汚梵行。瞿曇！若復有人不有諛諂，亦不欺誑，庶幾、有信，精進不懈，有念有定，亦有智慧，極恭敬戒，廣修沙門，瞿曇！如是之人能共事也。所以者何？瞿曇！如是人者清淨梵行。

「瞿曇！猶諸根香，沈香為第一。所以者何？瞿曇！彼沈香者，於諸根香為最上故。瞿曇！猶諸娑羅樹香，赤栴檀為第一。所以者何？瞿曇！赤栴檀者，於諸娑羅樹香為最上故。瞿曇！猶諸水華，青蓮華為第一。所以者何？瞿曇！青蓮華者，於諸水華為最上故。瞿曇！猶諸陸華，修摩那花為第一。所以者何？瞿曇！修摩那花者，於諸陸花為最上故。瞿曇！猶如世中諸有論士，沙門瞿曇為最第一。所以者何？沙門瞿曇論士，能伏一切外道異學故。世尊！我今自歸於佛、法及比丘衆，唯願世尊受我為優婆塞！從今日始，終身自歸乃至命盡。」

佛說如是，算數目揵連及諸比丘聞佛所說，歡喜奉行。

算數目揵連經第三竟（二千三百五十四字）

中阿含經卷第三十五（七千六百一十三字）　第三念誦

中阿含經卷第三十六

東晉罽賓三藏瞿曇僧伽提婆譯

（一四五）梵志品瞿默目揵連經第四 第三念誦

我聞如是：一時，佛般涅槃後不久，尊者阿難遊王舍城。

爾時摩竭陀大臣雨勢治王舍城。為防跋者故，於是摩竭陀大臣雨勢，遣瞿默目揵連田作人，往至竹林加蘭哆園。

爾時尊者阿難過夜平旦，著衣持鉢，為乞食故，入王舍城。於是尊者阿難作是念：「且置王舍城乞食，我寧可往詣瞿默目揵連田作人所。」

於是尊者阿難往詣瞿默目揵連田作人所，梵志瞿默目揵連遙見尊者阿難來，即從坐起，偏袒著衣，叉手向尊者阿難，白曰：「善來，阿難！久不來此，可坐此座。」

尊者阿難即坐彼座，梵志瞿默目揵連與尊者阿難共相問訊，却坐一面，白曰：「阿難！欲有所問，聽我問耶？」

尊者阿難報曰：「目揵連！汝便可問，我聞當思。」

則便問曰：「阿難！頗有一比丘與沙門瞿曇等耶？」

尊者阿難與梵志瞿默目揵連共論此事時，爾時摩竭陀大臣雨勢慰勞田作人，往詣梵志瞿默目揵連田作人所。

摩竭陀大臣雨勢，遙見尊者阿難坐在梵志瞿默目揵連田作人中，往詣尊者阿難所，共相問訊，却坐一面，問曰：「阿難！與梵志瞿默目揵連共論何事？以何事故共會此耶？」

尊者阿難答曰：「雨勢！梵志瞿默目揵連問我：『阿難！頗有一比丘與沙門瞿曇等耶？』」

摩竭陀大臣雨勢復問曰：「阿難！云何答彼？」

尊者阿難答曰：「雨勢！都無一比丘與世尊等等。」

摩竭陀大臣雨勢復問曰：「唯然，阿難！無一比丘與世尊等等。頗有一比丘為沙門瞿曇在時所立：此比丘我般涅槃後，為諸比丘所依，謂令汝等今所依耶？」

尊者阿難答曰：「雨勢！都無一比丘為世尊所知見，如來、無所著、等正覺在時所立：此比丘我般涅槃後，為諸比丘所依，謂令我等今所依者。」

摩竭陀大臣雨勢復問曰：「阿難！唯然，無一比丘與沙門瞿曇等等，亦無一比丘為沙門瞿曇在時所立：此比丘我般涅槃後，為諸比丘所依，謂令汝等今所依者。頗有一比丘與衆共和集拜：此比丘世尊般涅槃後，為諸比丘所依，謂令汝等今所依耶？」

尊者阿難答曰：「雨勢！亦無一比丘與衆共和集拜：此比丘世尊般涅槃後，為諸比丘所依，謂令我等今所依者。」

摩竭陀大臣雨勢復問曰：「阿難！唯然，無一比丘與沙門瞿曇等等，亦無一比丘為沙門瞿曇在時所立：此比丘我般涅槃後，為諸比丘所依，謂令汝等今所依者。亦無一比丘與衆共和集拜：此*比丘世尊般涅槃後，為諸比丘所依，謂令汝等今所依者。阿難！若爾者，汝等無所依，共和合，不諍，安隱，同一一教，合一水乳，快樂遊行，如沙門瞿曇在時耶？」

尊者阿難告曰：「雨勢！汝莫作是說，言我等無所依。所以者何？我等有所依耳。」

摩竭陀大臣雨勢白曰：「阿難！前後所說何不相應？阿難向如是說：『無一比丘與世尊等等，亦無一比丘為世尊所知見，如來、無所著、等正覺在時所立：此比丘我般涅槃後，為諸比丘所依，謂令我等今所依者。亦無一比丘與衆共和集拜：此比丘世尊般涅槃後，為諸比丘所依，謂令我等今所依者。』阿難！何因何緣今說我有所依耶？」

尊者阿難答曰：「雨勢！我等不依於人而依於法。雨勢！我等若依村邑遊行，十五日說從解脫時集坐*一處，若有比丘知法者，我等請彼比丘為我等說法。若彼衆清淨者，我等一切歡喜奉行彼比丘所說；若彼衆不清淨者，隨法所說，我等教作是。」

摩竭陀大臣雨勢白曰：「阿難！非汝等教作是，但法教作是。阿難！如是少法、多法可得久住者。如是阿難等共和合，不諍，安隱，同一一教，合一水乳，快樂遊行，如沙門瞿曇在時。」

摩竭陀大臣雨勢復問曰：「阿難！頗有可尊敬耶？」

尊者阿難答曰：「雨勢！有可尊敬。」

雨勢白曰：「阿難！前後所說何不相應，阿難向如是說：『無一比丘與世尊共等等，亦無一比丘為世尊在時所立：此比丘我般涅槃後，為諸比丘所依，謂令我等今所依者。亦無一比丘與眾共和集拜：此比丘世尊般涅槃後，為諸比丘所依，謂令我等今所依者。』阿難！汝何因何緣今說有可尊敬耶？」

尊者阿難答曰：「雨勢！世尊知見如來、無所著、等正覺說有十法而可尊敬。我等若見比丘有此十法者，則共愛敬、尊重、供養、宗奉、禮事於彼比丘。云何為十？

「雨勢！比丘修習禁戒，守護從解脫，又復善攝威儀禮節，見纖芥罪常懷畏怖，受持學戒。雨勢！我等若見比丘極行增上戒者，則共愛敬、尊重、供養、宗奉、禮事於彼比丘。

「復次，雨勢！比丘廣學多聞，守持不忘，積聚博聞。所謂法者，初妙、中妙、竟亦妙，有義有文，具足清淨，顯現梵行。如是諸法廣學多聞，誦習至千，意所*惟觀，明見深*達。雨勢！我等若見比丘極多聞者，則共愛敬、尊重、供養、宗奉、禮事於彼比丘。

「復次，雨勢！比丘作善知識，作善朋友，作善伴黨。雨勢！我等若見比丘極善知識者，則共愛敬、尊重、供養、宗奉、禮事於彼比丘。

「復次，雨勢！比丘樂住遠離，成就二遠離：身及心也。雨勢！我等若見比丘極樂住遠離者，則共愛敬、尊重、供養、宗奉、禮事於彼比丘。

「復次，雨勢！比丘樂於燕坐，內行正止亦不離伺，成就於觀，增長空行。雨勢！我等若見比丘極樂燕坐者，則共愛敬、尊重、供養、宗奉、禮事於彼比丘。

「復次，雨勢！比丘知足，衣取覆形，食取充軀，隨所遊至，與衣鉢俱行無顧戀。猶如鷹鳥與兩翅俱，飛翔空中。如是比丘知足，衣取覆形，食取充軀，隨所遊至，與衣鉢俱行無顧戀。雨勢！我等若見比丘極知足者，則共愛敬、尊重、供養、宗奉、禮事於彼比丘。

「復次，雨勢！比丘常行於念，成就正念，久所曾習，久所曾聞，恒憶不忘。雨勢！我等若見比丘極有正念者，則共愛敬、尊重、供養、宗奉、禮事於彼比丘。

「復次，雨勢！比丘常行精進，斷惡不善修諸善法，恒自起意專一堅固，為諸善本不捨方便。雨勢！我等若見比丘極精懃者，則共愛敬、尊重、供養、宗奉、禮事於彼比丘。

「復次！雨勢！比丘修行智慧，觀興衰法得如此智，聖慧明達分別曉了，以正盡苦。雨勢！我等若見比丘極行慧者，則共愛敬、尊重、供養、宗奉、禮事於彼比丘。

「復次，雨勢！比丘諸漏已盡，而得無漏心解脫、慧解脫，自知自覺自作證成就遊：生已盡，梵行已立，所作已辦，不更受有，知如真。雨勢！我等若見比丘諸漏盡者，則共愛敬、尊重、供養、宗奉、禮事於彼比丘。

「雨勢！世尊知見如來、無所著、等正覺說此十法而可尊敬。雨勢！我等若見比丘行此十法者，則共愛敬、尊重、供養、宗奉、禮事於彼比丘。」

於是彼大衆放高大音聲：「可修直道，非不可修。若修直道，非不可修者，隨世中阿羅訶愛敬、尊重、供養、禮事。若諸尊可修直道而能修者，是故世中阿羅訶愛敬、尊重、供養、禮事。」

於是摩竭陀大臣雨勢及其眷屬問曰：「阿難！今遊何處？」

尊者阿難答曰：「我今遊行此王舍城竹林加蘭哆園。」

「阿難！竹林加蘭哆園至可愛樂，政頓可喜，晝不喧鬧，夜則靜寂，無有蚊虻亦無蠅蚤，不寒不熱，阿難！樂住竹林加蘭哆園耶？」

尊者阿難答曰：「如是，雨勢！如是，雨勢！竹林加蘭哆園至可愛樂，政頓可喜，晝不喧鬧，夜則靜寂，無有蚊虻亦無蠅蚤，不寒不熱。雨勢！我樂住竹林加蘭哆園中。所以者何？以世尊擁護故。」

是時婆難大將在彼衆中，婆難大將白曰：「如是，雨勢！如是，雨勢！竹林加蘭哆園至可愛樂，政頓可喜，晝不喧鬧，夜則靜寂，無有蚊虻亦無蠅蚤，不寒不熱。彼尊者樂住竹林加蘭哆園。所以者何？此尊者行伺、樂伺故。」

摩竭陀大臣雨勢聞已，語曰：「婆難大將！沙門瞿曇昔時遊行金鞞羅樂園中。婆難大將！爾時我數往詣彼，見沙門瞿曇。所以者何？沙門瞿曇行伺、樂伺，稱歎一切伺。」

尊者阿難聞已，告曰：「雨勢！莫作是說：『沙門瞿曇稱說一切伺。』所以者何？世尊或稱說伺，或不稱說。」

摩竭陀大臣雨勢復問曰：「阿難！沙門瞿曇不稱說何伺，不稱說何等伺？」

尊者阿難答曰：「雨勢！或有一貪欲所纏而起貪欲，不知出要如真；彼為貪欲所障礙故，伺、增伺而重伺。雨勢！是謂第一伺，世尊不稱說。復次，雨勢！或有一瞋恚所纏而起瞋恚，不知出要如真；彼為瞋恚所障礙故，伺、增伺而重伺。雨勢！是謂第二伺，世尊不稱說。復次，雨勢！睡眠所纏而起睡眠，不知出要如真；彼為睡眠所障礙故，伺、增伺而重伺。雨勢！是謂第三伺，世尊不稱說。復次，雨勢！疑惑所纏而起疑惑，不知出要如真；彼為疑惑所障礙故，伺、增伺而重伺。雨勢！是謂第四伺，世尊不稱說。雨勢！世尊不稱說此四伺。」

摩竭陀大臣雨勢白曰：「阿難！此四伺可*憎、可*憎處，沙門瞿曇不稱說。所以者何？正盡覺故。」

摩竭陀大臣雨勢復問曰：「阿難！何等伺沙門瞿曇所稱說？」

尊者阿難答曰：「雨勢！比丘者離欲、離惡不善之法，至得第四禪成就遊。雨勢！世尊稱說此四伺。」

摩竭陀大臣雨勢白曰：「阿難！此四伺可稱、可稱處，沙門瞿曇所稱。所以者何？以正盡覺故。阿難！我事煩猥，請退還歸。」

尊者阿難告曰：「欲還隨意。」

於是摩竭陀大臣雨勢聞尊者阿難所說，善受善持，即從坐起，繞尊者阿難三匝而去。是時梵志瞿默目揵連於摩竭陀大臣雨勢去後不久，白曰：「阿難！我所問事，都不答耶？」

尊者阿難告曰：「目揵連！我實不答。」

梵志瞿默目揵連白曰：「阿難！我更有所問，聽我問耶？」

尊者阿難答曰：「目揵連！汝便可問，我聞當思。」

梵志瞿默目揵連即問曰：「阿難！若如來、無所著、等正覺解脫，及慧解脫、阿羅訶解脫，此三解脫，有何差別？有何勝如？」

尊者阿難答曰：「目揵連！若如來、無所著、等正覺解脫，及慧解脫、阿羅訶解脫，此三解脫，無有差別亦無勝如。」

梵志瞿默目揵連白曰：「阿難！可在此食。」

尊者阿難默然而受。梵志瞿默目揵連知默然受已，即從坐起，自行澡水，極美淨妙，種種豐饒食噉含消，自手斟酌，極令飽滿。食訖舉器，行澡水竟，取一小床，別坐聽法。尊者阿難為彼說法，勸發渴仰，成就歡喜。無量方便為彼說法，勸發渴仰，成就歡喜已，尊者阿難所說如是，摩竭陀大臣雨勢眷屬及梵志瞿默目揵連，聞尊者阿難所說，歡喜奉行。

瞿默目揵連經第四竟三千一百四十三字

（一四六）中阿含梵志品象跡喻經第五第三念誦

我聞如是：一時，佛遊舍衛國，在勝林給孤獨園。

爾時卑盧異學平旦則從舍衛國出，往詣佛所，稽首作禮，却坐一面。佛為彼說法，勸發渴仰，成就歡喜。無量方便為彼說法，勸發渴仰，成就歡喜已，默然而住。卑盧異學，佛為說法，勸發渴仰，成就歡喜已，即從坐起，稽首佛足，繞三匝而去。

爾時生聞梵志乘極好白乘，與五百弟子俱，以平旦時從舍衛出，至無事處，欲教弟子諷讀經書。生聞梵志遙見卑盧異學來，便問：「

婆蹉！晨起從何處來？」

卑盧異學答曰：「梵志！我見世尊禮事、供養來。」

生聞梵志問曰：「婆蹉！頗知沙門瞿曇空安靜處學智慧耶？」

卑盧異學答曰：「梵志！何等人可知世尊空安靜處學智慧耶？梵志！若知世尊空安靜處學智慧者，亦當如彼。但，梵志！我所讀書有四句義，因四句義，我必信世尊、如來、無所著、等正覺，世尊所說法善，如來弟子聖眾善趣。梵志！譬善象師遊無事處，於樹林間見大象跡，見已必信彼象極大而有此跡。梵志！我亦如是，我所讀書有四句義，因四句義，我必信世尊、如來、無所著、等正覺，世尊所說法善，如來弟子聖眾善趣。

「云何四句義？梵志！智慧刹利論士多聞決定，能伏世人，無所不知，則以諸見造作文章行於世間。彼作是念：『我往沙門瞿曇所，問如是如是事，若能答者，當復重問；若不能答，便伏捨去。』彼聞世尊遊某村邑，便往彼所，見世尊已，尚不敢問，況復能伏？梵志！我所讀書，用得如此第一句義。我因此義，必信世尊、如來、無所著、等正覺，世尊所說法善，如來弟子聖衆善趣。如是智慧梵志、智慧居士、智慧沙門論士多聞決定，能伏世人，無所不知，則以諸見造作文章行於世間。彼作是念：『我往沙門瞿曇所，問如是如是事，若能答者，當復重問；若不能答，便伏捨去。』彼聞世尊遊某村邑，便往彼所，見世尊已，尚不敢問，況復能伏？梵志！我所讀書，用得如此第四句義。我因此義，必信世尊、如來、無所著、等正覺，世尊所說法善，如來弟子聖衆善趣。

「梵志！我所讀書，有此四句義。我因此四句義，故必信世尊、如來、無所著、等正覺，世尊所說法善，如來弟子聖衆善趣。」

生聞梵志語曰：「婆蹉！汝大供養沙門瞿曇，所因所緣，歡喜奉行。」

卑盧異學答曰：「梵志！如是！如是！我極供養於彼世尊，亦極稱譽，一切世間亦應供養。」

彼時生聞梵志聞此義已，即從乘下，右膝著地，叉手向於勝林給孤獨園，再三作禮：南無如來、無所著、等正覺。如是至三已，還乘極好白乘，往詣勝林給孤獨園。到彼乘地，即便下乘，步進詣佛，共相問訊，却坐一面。

生聞梵志向與卑盧異學所共論事盡向佛說。世尊聞已，告曰：「梵志！卑盧異學說象跡喻，猶不善作，亦不具足。如象跡喻善作、具足者，今為汝說，當善聽之。梵志！譬善象師遊無事處，於樹林間見大象跡，見已必信彼象極大而有此跡。梵志！彼善象師或不信者，於此林中復有母象，名加梨䨓，身極高大，彼有此跡。即尋此跡，復見大象跡，見已必信彼象極大而有此跡。梵志！彼善象師或復不信，於此林中更有母象，名加羅梨，身極高大，彼有此跡。即尋此跡，復見大象跡，見已必信彼象極大而有此跡。梵志！彼善象師或復不信，於此林中更有母象，名婆du象，身極高大，彼有此跡。即尋此跡，復見大象跡，見已必信彼象極大而有此跡。彼尋此跡已，見大象跡，大象跡方極長極廣，周匝遍著正深入地。及見彼象，或去或來，或住或走，或立或臥。見彼象已，便作是念：若有此跡，必是大象。

「梵志！如是，若世中出如來、無所著、等正覺、明行成為、善逝、世間解、無上士、道法御、天人師、號佛、衆祐，彼於此世，天及魔、梵、沙門、梵志乃至天、人，自知自覺自作證成就遊：生已盡，梵行已立，所作已辦，不更受有，知如真。彼說法初妙、中妙、竟亦妙，有義有文，具足清淨，顯現梵行。彼所說法，或居士、居士子聞已得信。於如來正法律，彼得信已，便作是念：『在家至狹，塵勞之處，出家學道，發露曠大。我今在家，為鏁所鏁，不得盡形壽淨修梵行。我寧可捨於少財物及多財物，捨少親族及多親族，剃除鬚髮，著袈裟衣，至信捨家無家學道。』

「彼於後時，捨少財物及多財物，捨少親族及多親族，剃除鬚髮，著袈裟衣，至信捨家無家學道。彼出家已，捨親族相，受比丘要，修習禁戒，守護從解脫，又復善攝威儀禮節，見纖芥罪常懷畏怖，受持學戒。彼離殺、斷殺，棄捨刀杖，有慚有愧，有慈悲心，饒益一切乃至蜫蟲，彼於殺生淨除其心。彼離不與取，斷不與取，與而後取，樂於與取，常好布施，歡喜無悋，不望其報，彼於不與取淨除其心。彼離非梵行，斷非梵行，懃修梵行，精懃妙行，清淨無穢，離欲斷婬，彼於非梵行淨除其心。

「彼離妄言，斷妄言，真諦言，樂真諦，住真諦，不移動，一切可信，不欺世間，彼於妄言淨除其心。彼離兩舌，斷於兩舌，行不兩舌，不破壞他；不聞此語彼，欲破壞此；不聞彼語此，欲破壞彼；離者欲合，合者歡喜；不作群黨，不樂群黨，不稱說群黨事；彼於兩舌淨除其心。彼離麤言，斷於麤言；若有所言，辭氣麤*獷，惡聲逆耳，眾所不喜，眾所不愛，使他苦惱，令不得定，斷如是言；若有所言清和柔潤，順耳入心，可喜可愛，使他安隱，言聲具了，不使人畏，令他得定，說如是言；彼於麤言淨除其心。彼離綺語，斷於綺語，時說、真說、法說、義說、止息說、樂止息說，事隨時得宜，善教善訶，彼於綺語淨除其心。

「彼離治生，斷於治生，棄捨稱量及斗斛，亦不受貨，不縛束人，不望折斗量，不以小利侵欺於人，彼於治生淨除其心。彼離受寡婦、童女，斷受寡婦、童女，彼於受寡婦、童女淨除其心。彼離受奴婢，斷受奴婢，彼於受奴婢淨除其心。彼離受象、馬、牛、羊，斷受象、馬、牛、羊，彼於受象、馬、牛、羊淨除其心。彼離受雞、猪，斷受雞、猪，彼於受雞、猪淨除其心。彼離受田業、店肆，斷受田業、店肆，彼於受田業、店肆淨除其心。彼離受生稻、麥、豆，斷受生稻、麥、豆，彼於受生稻、麥、豆淨除其心。

「彼離酒、斷酒，彼於飲酒淨除其心。彼離高廣大床，斷高廣大床，彼於高廣大床淨除其心。彼離華鬘、瓔珞、塗香、脂粉，斷花鬘、瓔珞、塗香、脂粉，彼於華鬘、瓔珞、塗香、脂粉淨除其心。彼離歌舞、倡妓及往觀聽，斷歌舞、倡妓及往觀聽，彼於歌舞、倡妓及往觀聽淨除其心。彼離受生色像寶，斷受生色像寶，彼於受生色像寶淨除其心。彼離過中食，斷過中食，一食、不夜食、學時食，彼於過中食淨除其心。

「彼已成就此聖戒聚，復行極知足，衣取覆形，食取充軀，隨所遊至與衣鉢俱，行無顧戀；猶如鷹鳥與兩翅俱，飛翔空中。彼已成就此聖戒聚，及極知足，復守護諸根，常念閉塞，念欲明達，守護念心而得成就，恒起正知。若眼見色，然不受想，亦不味色，謂忿諍故，守護眼根。心中不生貪伺、憂慼、惡不善法，趣向彼故，守護眼根。如是耳、鼻、舌、身，若意知法，然不受想，亦不味法，謂忿諍故，守護意根。心中不生、貪伺、憂慼、惡不善法，趣向彼故，守護意根。

「彼已成就此聖戒聚，及極知足，守護諸根，復正知出入，善觀分別，屈伸低仰儀容庠序，善著僧伽梨及諸衣鉢，行住坐臥眠寤語默皆正知之。彼已成就此聖戒聚，及極知足，守護諸根，正知出入，復獨住遠離，在無事處，或至樹下空安靖處、山巖石室、露地穰積，或至林中，或在塚間。彼已在無事處，或至樹下空安靜處，敷尼師檀，結*跏趺坐，正身正願，返念不向，斷除貪伺，心無有諍。見他財物諸生活具，不起貪伺，欲令我得，彼於貪伺淨除其心。如是瞋恚、睡眠、調悔，斷疑度惑，於諸善法無有猶豫，彼於疑惑淨除其心。

「彼斷此五蓋、心穢、慧羸，離欲、離惡不善之法，有覺、有觀，離生喜樂，逮初禪成就遊。梵志！是謂如來所屈，如來所行，如來所服，然彼不以此為訖。世尊、如來、無所著、等正覺，世尊所說法善，如來弟子聖衆善趣。彼覺觀已息，內靖一心，無覺、無觀，定生喜樂，逮第二禪成就遊。梵志！是謂如來所屈，如來所行，如來所服，然彼不以此為訖。世尊、如來、無所著、等正覺，世尊所說法善，如來弟子聖衆善趣。彼離喜欲，捨無求遊，正念正智而身覺樂，謂聖所說、聖所捨、念、樂住、室，逮第三禪成就遊。梵志！是謂如來所屈，如來所行，如來所服，然彼不以此為訖。世尊、如來、無所著、等正覺，世尊所說法善，如來弟子聖衆善趣。彼樂滅、苦滅，喜、憂本已滅，不苦不樂，捨、念清淨，逮第四禪成就遊。梵志！是謂如來所屈，如來所行，如來所服，然彼不以此為訖。世尊、如來、無所著、等正覺，世尊所說法善，如來弟子聖衆善趣。

「彼已得如是定心，清淨無穢，無煩柔軟，善往得不動心，趣向漏盡智通作證。彼知此苦如真，知此苦習、知此苦滅、知此苦滅道如真；知此漏如真，知此漏習、知此漏滅、知此漏滅道如真。彼如是知、如是見，欲漏心解脫，有漏、無明漏心解脫，解脫已，便知解脫：生已盡，梵行已立，所作已辦，不更受有，知如真。梵志！是謂如來所屈，如來所行，如來所服，彼以此為訖。世尊、如來、無所著、等正覺，世尊所說法善，如來弟子聖衆善趣。

「梵志！於意云何？如是象跡喻善作、具足耶？」

生聞梵志答曰：「唯然，瞿曇！如是象跡喻善作、具足。」

生聞梵志白曰：「世尊！我已知。善逝！我已解。世尊！我今自歸於佛、法及比丘衆，唯願世尊受我為優婆塞！從今日始，終身自歸，乃至命盡。」

佛說如是，生聞梵志及卑盧異學聞佛所說，歡喜奉行。

象跡喻經第五竟二千九百八十八字

(一四七)中阿含梵志品聞德經第六第三念誦

我聞如是：一時，佛遊舍衞國，在勝林給孤獨園。
爾時生聞梵志中後彷徉，往詣佛所，共相問訊，却坐一面，白曰：「瞿曇！我欲有所問，聽乃敢陳。」
世尊告曰：「梵志！恣汝所問。」
生聞梵志即便問曰：「沙門瞿曇弟子或有在家、或有出家學道，以何義故博聞誦習耶？」
世尊答曰：「梵志！我弟子或有在家、或出家學道，所以博聞誦習，欲自調御，欲自息止，自求滅訖。梵志！我弟子或有在家、或出家學道，以此義故，博聞誦習。」
生聞梵志復問曰：「瞿曇！博聞誦習有差別耶？博聞誦習有功德

耶？」

世尊答曰：「梵志！博聞誦習而有差別，博聞誦習則有功德。」

生聞梵志復問曰：「瞿曇！博聞誦習有何差別？有何功德耶？」

世尊答曰：「梵志！多聞聖弟子晝日作業，欲得其利，彼所作業敗壞不成，彼所作業敗壞不成已，然不憂慼愁煩啼哭，不椎身懊惱，亦不癡狂。梵志！若多聞聖弟子晝日作業，欲得其利，彼所作業敗壞不成，彼所作業敗壞不成已，然不憂慼愁煩啼哭，不椎身懊惱，亦不癡狂者，梵志！是謂博聞誦習而有差別，有此功德。

「復次，梵志！多聞聖弟子所有愛念，異無散解，不復相應，與別離已，然不憂慼愁煩啼哭，不椎身懊惱，亦不癡狂。梵志！若多聞聖弟子所有愛念，異無散解，不復相應，與別離已，然不憂慼愁煩啼哭，不椎身懊惱，亦不癡狂者，梵志！是謂博聞誦習而有差別，有此功德。

「復次，梵志！多聞聖弟子知所有財物皆悉無常，念出家學道。梵志！若多聞聖弟子知所有財物皆悉無常，念出家學道者，梵志！是謂博聞誦習而有差別，有此功德。

「復次，梵志！多聞聖弟子知所有財物皆悉無常已，剃除鬚髮，著袈裟衣，至信捨家無家學道。梵志！若多聞聖弟子知所有財物皆悉無常已，剃除鬚髮，著袈裟衣，至信捨家無家學道者，梵志！是謂博聞誦習而有差別，有此功德。

「復次，梵志！多聞聖弟子能忍飢渴、寒熱、蚊虻、蠅蚤、風日所逼，惡聲捶杖亦能忍之；身遇諸疾，極為苦痛，至命欲絕，諸不可樂皆能堪耐。梵志！若多聞聖弟子能忍飢渴、寒熱、蚊虻、蠅蚤、風日所逼，惡聲捶杖亦能忍之；身遇諸疾，極為苦痛，至命欲絕，諸不可樂皆能堪耐者，梵志！是謂博聞誦習而有差別，有此功德。

「復次，梵志！多聞聖弟子堪耐不樂，生不樂已，心終不著。梵志！若多聞聖弟子堪耐不樂，生不樂已，心終不著者，梵志！是謂博聞誦習而有差別，有此功德。

「復次，梵志！多聞聖弟子堪耐恐怖，生恐怖已，心終不著。梵志！若多聞聖弟子堪耐恐怖，生恐怖已，心終不著者，梵志！是謂博聞誦習而有差別，有此功德。

「復次，梵志！多聞聖弟子若生三惡不善之念：欲念、恚念及害念，為此三惡不善念已，心終不著。梵志！若多聞聖弟子若生三惡不善之念：欲念、恚念及害念，為此三惡不善念已，心終不著者，梵志！是謂博聞誦習而有差別，有此功德。

「復次，梵志！多聞聖弟子離欲、離惡不善之法，至得第四禪成就遊。梵志！若多聞聖弟子離欲、離惡不善之法，至得第四禪成就遊者，梵志！是謂博聞誦習而有差別，有此功德。

「復次，梵志！多聞聖弟子三結已盡，得須陀洹，不墮惡法，定趣正覺，極受七有，天上、人間七往來已，則得苦邊。梵志！若多聞聖弟子三結已盡，得須陀洹，不墮惡法，定趣正覺，極受七有，天上、人間七往來已，則得苦邊者，梵志！是謂博聞誦習而有差別，有此功德。

「復次，梵志！多聞聖弟子三結已盡，婬、怒、癡薄，得一往來天上、人間，一往來已，則得苦邊。梵志！若多聞聖弟子三結已盡，婬、怒、癡薄，得一往來天上、人間，一往來已，則得苦邊者，梵志！是謂博聞誦習而有差別，有此功德。

「復次，梵志！多聞聖弟子五下分結盡，生彼間已，便般涅槃，得不退法，不還此世。梵志！若多聞聖弟子五下分結盡，生彼間已，便般涅槃，得不退法，不還此世者，梵志！是謂博聞誦習而有差別，有此功德。

「復次，梵志！多聞聖弟子有息解脫，離色得無色如其像定，身作證成就遊，慧觀斷漏而知漏。梵志！若多聞聖弟子有息解脫，離色得無色如其像定，身作證成就遊，慧觀斷漏而知漏者，梵志！是謂博聞誦習而有差別，有此功德。

「復次，梵志！多聞聖弟子如意足、天耳、他心智、宿命智、生死智，諸漏已盡，得無漏心解脫、慧解脫，於現法中自知自覺自作證成就遊：生已盡，梵行已立，所作已辦，不更受有，知如真。梵志！若多聞聖弟子如意足、天耳、他心智、宿命智、生死智，諸漏已盡，得無漏心解脫、慧解脫，於現法中自知自覺自作證成就遊：生已盡，梵行已立，所作已辦，不更受有，知如真者，梵志！是謂博聞誦習而有差別，有此功德。」

生聞梵志復問世尊：「此博聞誦習有此差別，有此功德，頗更有差別，更有功德，最上、最妙、最勝耶？」

世尊答曰：「梵志！此博聞誦習有此差別，有此功德，更無差別，更無功德，最上、最妙、最勝者。」

生聞梵志白曰：「世尊！我已知。善逝，我已解。世尊！我今自歸於佛、法及比丘衆，唯願世尊受我為優婆塞！從今日始，終身自歸，乃至命盡。」

佛說如是，生聞梵志聞佛所說，歡喜奉行。

聞德經第六竟一千六百九字

（一四八）中阿含梵志品何苦經第七第三念誦

我聞如是：一時，佛遊舍衛國，在勝林給孤獨園。

爾時生聞梵志中後彷徉，往詣佛所，共相問訊，却坐一面，白曰：「瞿曇！我欲有所問，聽乃敢陳。」

世尊告曰：「梵志！恣汝所問。」

生聞梵志即便問曰：「瞿曇！在家者有何苦？出家學道者有何苦耶？」

世尊告曰：「梵志！在家者，以不自在為苦；出家學道者，以自在為苦。」

生聞梵志復問曰：「瞿曇！在家者，云何以不自在為苦？出家學道者，云何以自在為苦耶？」

世尊答曰：「梵志！若在家者，錢不增長，金、銀、真珠、琉璃、水精悉不增長，畜牧、穀米及奴婢使亦不增長，爾時在家憂苦愁慼。因此故，在家者多有憂苦，多懷愁慼。梵志！若出家學道者，行隨其欲，行隨恚、癡，爾時出家學道憂苦愁慼。因此故，出家學道者多有憂苦，多懷愁慼。梵志！如是在家者，以不自在為苦；出家學道者，以自在為苦。」

生聞梵志復問曰：「瞿曇！在家者有何樂？出家學道者有何樂耶？」

世尊答曰：「梵志！在家者，以自在為樂；出家學道者，以不自在為樂。」

生聞梵志復問曰：「瞿曇！在家者，云何以自在為樂？出家學道者，云何以不自在為樂耶？」

世尊答曰：「梵志！若在家者，錢得增長，金、銀、真珠、琉璃、水精皆得增長，畜牧、穀米及奴婢使亦得增長，爾時在家快樂歡喜。因此故，在家者多快樂歡喜。梵志！出家學道者，行不隨欲，行不隨恚、癡，爾時出家學道快樂歡喜。因此故，出家學道者多快樂歡喜。梵志！如是，在家者，以自在為樂；出家學道者，以不自在為樂。」

生聞梵志復問曰：「瞿曇！以何事故，令天及人必無利義？以何事故，令天及人必有利義？」

世尊答曰：「梵志！若天及人共諍者，必無利義；若天及人不諍者，必有利義。」

生聞梵志復問曰：「瞿曇！云何天及人共諍者，必無利義？云何天及人不諍者，必有利義耶？」

世尊答曰：「梵志！若時天及人鬪諍、怨憎者，爾時天及人憂苦愁慼。因此故，天及人多有憂苦，多懷愁慼。梵志！若時天及人不鬪諍、不怨憎者，爾時天及人快樂歡喜。因此故，天及人多快樂多歡喜。梵志！如是天及人共諍者，必無利義；天及人不諍者，必有利義。」

生聞梵志復問曰：「瞿曇！以何事故，令天及人必不得饒益，必得其苦？以何事故，令天及人必得饒益，必得其樂？」

世尊答曰：「梵志！若天及人行於非法及行惡者，必不得益，必得其苦。若天及人能行如法，不行惡者，必得饒益，必得其樂。」

生聞梵志復問曰：「瞿曇！天及人云何行於非法及行惡者，必不得益，必得其苦？天及人云何行如法，不行惡者，必得饒益，必得其樂？」

世尊答曰：「梵志！天及人身行非法及行惡，口、意行非法及行惡者，爾時天及人必當滅損，阿修羅必當興盛。梵志！若天及人身行如法，守護其身，口、意行如法，守護口、意者，爾時天及人必當興盛，阿修羅必當滅損。梵志！如是天及人行於非法及行惡者，必*不得☆益，必得其苦。梵志！如是天及人能行如法，不行惡者，必得饒益，必得其樂。」

生聞梵志復問曰：「瞿曇！云何觀惡知識？」

世尊答曰：「梵志！當觀惡知識猶如月也。」

生聞梵志復問曰：「瞿曇！云何當觀惡知識猶如月耶？」

世尊答曰：「梵志！如向盡月，日日稍減，宮殿亦減，光明亦減，形色亦滅，日日盡去。梵志！有時月乃至於盡，都不復見。梵志！惡知識人於如來正法律亦得其信，彼得信已，則於後時而不孝順亦不恭敬，所行不順，不立正智，不趣向法次法；彼便失信，持戒、博聞、庶幾、智慧亦復失之。梵志！有時此惡知識教滅善法，猶如月盡。

梵志！如是當觀惡知識猶如月也。」

生聞梵志復問曰：「瞿曇！云何觀善知識？」

世尊答曰：「梵志！當觀善知識猶如月也。」

生聞梵志復問曰：「瞿曇！云何當觀善知識猶如月耶？」

世尊答曰：「梵志！猶如月初生，少壯明淨，日日增長。梵志！或時月十五日，其殿豐滿。梵志！如是善知識於如來正法律得信，彼得信已，而於後時孝順恭敬，所行隨順，立於正智，趣向法次法；彼增長信，持戒、博聞、庶幾、智慧亦復增長。梵志！有時彼善知識善法具足，如十五日月。梵志！如是當觀善知識猶如月也。」

於是世尊說此頌曰：

譬如月無垢，　遊於虛空界，　一切世星宿，　悉翳其光明。
如是信博聞，　庶幾無慳貪，　世間一切慳，　悉翳施光明。
猶如有大龍，　興起雲雷電，　雨下極滂沛，　充滿一切地。
如是信博聞，　庶幾無慳貪，　施飲食豐足，　樂勸增廣施。
如是極雷震，　如天降時雨，　彼福雨廣大，　施主之所雨。
錢財多名譽，　得生於善處，　彼當受於福，　死已生天上。

佛說如是，生聞梵志聞佛所說，歡喜奉行。

何苦經第七竟一千四百二十五字

中阿含經卷第三十六九千一百六十五字

南無護法韋馱尊天菩薩

中阿含經

主　編—全佛編輯部
出版者—全佛文化出版社
地址／台北市信義路三段二〇〇號五樓
永久信箱／台北郵政二六～三四一號信箱
電話／(〇二) 七〇一一〇五七・七〇一〇九四五
郵撥／一七六二六五五八　全佛文化出版社
全套定價—新台幣一二〇〇元（八冊）
初　版—一九九七年四月

國家圖書館出版品預行編目資料

中阿含經／（東晉）罽賓三藏瞿曇僧伽提婆譯；
全佛編輯部主編. --初版. --臺北市 ： 全
佛文化，1997［民 86］
冊；　公分

ISBN 957-9462-68-2(一套 ： 平裝)

1.小乘經典

221.82　　86004085

隨身佛典

中阿含經

東晉罽賓三藏瞿曇僧伽提婆　譯

隨身佛典

中阿含經

東晉罽賓三藏瞿曇僧伽提婆　譯

隨身佛典

中阿含經

東晉罽賓三藏瞿曇僧伽提婆　譯

隨身佛典

中阿含經

東晉罽賓三藏瞿曇僧伽提婆 譯